Selbstoptimierung Knigge ²¹⁰⁰

Optimistischer – Attraktiver – Authentischer, Ansprüche, The Winner 3

Horst Hanisch

© 2021 by Horst Hanisch, Bonn

Bibliografische Information der Deutschen Nationalbibliothek: Die Deutsche Nationalbibliothek verzeichnet diese Publikation in der Deutschen Nationalbibliografie; detaillierte bibliografische Daten sind im Internet über dnb.dnb.de abrufbar.

Der Text dieses Buches entspricht der neuen deutschen Rechtschreibung.

Idee und Entwurf: Horst Hanisch, Bonn

Lektorat: Annelie Möskes, Bornheim

Buchsatz: Guido Lokietek, Aachen; Horst Hanisch, Bonn

Umschlag: Christian Spatz, engine-productions, Köln; Horst Hanisch, Bonn

Fotos/Zeichnungen: alle Winni-Zeichnungen: Jan Ried, Frankfurt, alle anderen Zeichnungen: Horst Hanisch, Bonn

Herstellung und Verlag: BoD – Books on Demand, Norderstedt

ISBN: 978-3-7526-7195-7

Selbstoptimierung Knigge 2100

Optimistischer – Attraktiver – Authentischer, Ansprüche, The Winner 3

Hinweis zum Selbst-Coaching

Im klassischen Coaching sitzen Coach und Coachee einander in mehreren Sitzungen gegenüber. Ziele werden gesetzt, Strategien vereinbart und Übungen umgesetzt. Der Coachee ist eingeladen, am gedanklichen Austausch zu Modellen und Fallbeispielen teilzunehmen.

Im Selbst-Coaching, wozu dieser Ratgeber gut geeignet ist, sparen Sie das Honorar für den Coach, sowie eventuelle Fahrtkosten zu den Treffen.

In diesem Buch übernimmt das Fabelwesen Winni die Rolle des Coachs. Er gibt seinem Coachee (hier Sigi) Tipps und Aufgaben, bringt Modelle ein, regt zum Nachdenken und Reflektieren an.

Im Selbst-Coaching können Sie seinen Ausführungen folgen und entsprechend handeln.

Ihr mögliches Ziel: Die Selbstoptimierung umsetzen.

Ihre Strategie: Die vorgeschlagenen Übungen mitmachen und Anregungen durchdenken und – auf Ihre Bedürfnisse angepasst – befolgen.

Guten Erfolg.

Inhaltsverzeichnis

Vorwort

Jeder Mensch hat die Chance, mindestens einen Teil der Welt zu verbessern, nämlich sich selbst.
Paul Anton de Lagarde (Paul Anton Bötticher), dt. Theologe
(1827 - 1891)

Sein Leben optimieren

Liebe Leserin, lieber Leser, herzlich willkommen zum Thema ‚Selbstoptimierung'.

Das vorliegende Buch lässt sich ‚einfach so' lesen oder kann als Werkzeug zum ernsthaften Selbst-Coaching verwendet werden.

Im Text werden Sie auf die fiktive Hauptfigur Winni treffen, die ich Ihnen bei dieser Gelegenheit vorstellen darf: Winni, ein freundliches Wesen, das manchmal beharrlich sein kann. Winni trifft auf Sigi, den er schon von den Themen Selbstbewusstsein und Selbstwertgefühl her kennt.

Schweift Winni mit seinen Gedanken ab, hört Sigi ihn sagen: „Da wo ich herkomme ...", wobei nicht geklärt ist, wo Winnis Herkunft liegt.

Winni begleitet Sigi und auch Sie, liebe Leserin, lieber Leser, durch verschiedene Kapitel der Selbstoptimierung, wobei die Schwerpunkte auf Optimismus, Attraktivität und Authentizität liegen.

Tauchen Sie ein in den Austausch der beiden Charaktere. Begleiten Sie sie durch verschiedene Aspekte, Überlegungen und kleinen verbalen Streitgesprächen.

Wie kann Winni Sigi dabei helfen, durch die gemeinen Widrigkeiten, ständig wechselnden Herausforderungen und unsichtbaren Fallen des vielfältigen Lebens zu kommen, ohne im Vergleich zu anderen Personen oder eigenen Ansprüchen entkräftet aufzugeben oder gar in ein tiefes Loch der Depression zu fallen?

Ein Ziel des Buchs ist es, Wege zu zeigen und Tipps zu geben, wie das eigene Leben optimiert werden kann.

Viele Coachees, die ein Coaching erfolgreich durchlaufen haben, stellten sich Überlegungen dieser Art. Auch in zahlreichen Seminaren und Workshops befassten sich Teilnehmende mit diesen Betrachtungen, sodass in dieser Literatur hilfreichen Themen zusammengefasst werden.

Wer es schafft, sein Leben ohne extremen Aufwand zu optimieren, wird dieses zufriedener und glücklicher genießen können.

Es hilft, gelöster und authentischer aufzutreten, da oft Stress oder Missstimmung vermieden werden kann.

Es bedarf eines überschaubaren Einsatzes, seine sozialen Kompetenzen, seine sogenannten Soft Skills auszubauen. Dabei sollen die Überlegungen, Tipps und Gedanken im vorliegenden Buch beitragen.

Lassen Sie sich ,verführen' in die fiktiven Dialoge zwischen Winni und Sigi.

Liebe Leserin, lieber Leser, ich wünsche Ihnen ein weiteres optimiertes Leben und natürlich viel Spaß und neue Erkenntnisse beim Selbst-Coaching.

Ich übergebe das Wort an Winni.

Horst Hanisch

Prolog

„Ich will besser werden"

Nicht ständiger Kampf ist das Kennzeichen des gesunden Wettbewerbs, sondern Vielfalt.
Amschel Mayer Freiherr von Rothschild, dt. Bankier
(1773 - 1855)

Täglicher Wettbewerb

Das Leben stellt bekanntlich unglaublich viele Anforderungen an den Menschen.

Der Einzelne ist mit Erwartungshaltungen anderer konfrontiert, die er trotz aller Individualität mehr oder weniger gesellschaftskonform erfüllen muss, um als Mensch im sozialen Umfeld leben zu können.

Er darf nicht als skurriler Außenseiter gesehen werden, da er sich im Schutz der Gesellschaft angstfrei entwickeln soll und ein Gefühl der Geborgenheit genießen kann.

Neben den vielen moralischen Verpflichtungen, die der Einzelne erfüllen soll, baut er an sich selbst eine Menge Ansprüche auf.

Je nach Werteempfinden, Lebenswünschen, Lebenszielen und so weiter wächst der Anspruch, diese auch erfüllen zu können.

Der Wunsch nach Erfolg ist nachvollziehbar – und zur Weiterentwicklung der Menschheit möglicherweise unverzichtbar.

Nun kann es sein, dass eigene Ansprüche mit den Erwartungen der Gesellschaft nicht mehr 1 zu 1 übereinstimmen.

Hier kann es zu Diskrepanzen kommen, die überwunden werden sollen.

Die aktuelle Gesellschaft – im privaten wie im beruflichen Umfeld – erwartet vom Menschen als Idealbild beispielsweise:

- Gesundheit
- Leistung
- Erfolg
- Durchsetzungsfähigkeit
- Konzentration

- Flexibilität
- Klugheit
- Schönheit
- Authentizität
- und andere

Durch diese Anforderungen entsteht unter Umständen ein extremer Leistungsdruck, dem der Einzelne nicht immer standhalten kann.

Die Folgen sind Unzufriedenheit und Frust.

Negativer Stress entsteht, Überforderung und Erschöpfung drohen. Depression oder gar ein Burnout rückt in greifbare Nähe.

Zu diesen Erwartungen kommen Ängste, zum Beispiel vor (Klima)-Katastrophen, Epidemien (vergleiche Corona Pandemie) und die Furcht, beruflich wie familiär zu scheitern.

Der Mensch bangt um sein Erreichtes, um die Einbüßung seines Status oder um den Verlust materieller Güter. Es entsteht sogar die Angst vor dem sozialen Abstieg.

Keine angenehmen Aussichten.

Kein Wunder, dass der Wunsch nach Karriere, damit verbundener materieller Erfolg und gegebenenfalls sogar Reichtum, nach einem makellosen Körper und einer idealen Partnerschaft.

Ganz schön herausfordernd, womit der Einzelne konfrontiert wird.

Die Überlegung zur Optimierung des Lebens reizt. Wer selbst aktiv wird, kann hier von Selbstoptimierung sprechen. Das ist der Inhalt dieses Buches.

Zu diesem Buch ‚Selbstoptimierung Knigge [2100'] gibt es die Schwestern-Bücher ‚Selbstbewusstsein Knigge [2100'] und ‚Selbstwertgefühl Knigge [2100'].

Liebe Leserin, lieber Leser, viel Vergnügen und Selbsterkenntnis beim Lesen der folgenden Seiten und beim Selbst-Coaching der eigenen Persönlichkeit.

Horst Hanisch

Teil 1
Optimistischer

Optimistisch in die Zukunft schauen

„Ich will präsent und glücklich sein"

1. Ständige Online-Präsenz

Ich, Sigi, streckte mich. „Ah, habe ich gut geschlafen!" Ein Blick auf das Display meines Smartphones zeigte mir, dass ich mehrere Nachrichten erhalten hatte. Die könnten mich interessieren. Gerade wollte ich aufs Display tippen, als plötzlich und unerwartet Winni aus dem Nichts auftaucht, sozusagen aufpoppt – theatralisch unterlegt mit einem krassen Klingelton.

„Na, habe ich dich überrascht, Sigi?", lächelte Winni verschmitzt.

„Überrascht schon, obwohl mich ‚eigentlich' nichts mehr bei dir über-
raschen kann." Ich betonte das Wort ‚eigentlich' besonders, da ich
aus früheren Dialogen mit Winni wusste, dass er ‚Unwörter' dieser Art
nicht mochte.

„Ich sehe", warf Winni ein und deutete dabei auf das Smartphone in
meiner Hand, „dass du soeben im Begriff bist, in die digitale Welt
einzutauchen."

„Ja, ich wollte schauen, wer mir eine Nachricht schickte."

„Ja, ja, Sigi. Eben aus der Traumwelt erwacht, um sofort in die digitale Welt zu verschwinden."

„Ja, aber ich muss …"

„Sigi!", rief Winni aus. „Nun mal Stopp! Du bist noch gar nicht richtig
wach. Das erste, was du tust, ist nach deinem Smartphone zugreifen.
Das war sehr wahrscheinlich auch das letzte, was du gestern mach-
test."

„Kann doch sein, dass eine wichtige Nachricht dabei ist."

„Das kann sein. Und?"

„Ich wollte nur mal schauen, wer geschrieben hat und was es Neues
gibt."

Winni fragte provozierend: „Meinst du, es käme nun auf Minuten an?
Kann das Lesen der Nachricht nicht etwas warten?"

„Ich denke schon", lenkte ich zögerlich ein. „Na klar."

„Gut. Lass dein Telefon liegen. Schau mal Sigi, du bist kaum wach,
schon hängst du an diesem Gerät. Du bist noch nicht einmal aufge-
standen. Bist weder geduscht, noch hast du die Zähne gepflegt, ge-
schweige denn, dass du angekleidet bist oder gefrühstückt hast."

„Das stimmt, ist aber doch nicht so wichtig. Ich kann auch während
des Frühstücks meine Mails checken."

„Eben. Auch dann – noch – oder wieder. Mir ist vollkommen klar, dass du genauso wie die meisten, überwiegend jüngeren Menschen, ständig mit Informationen regelrecht bombardiert wirst. Hast du eine Ahnung, wie häufig du am Tag zu deinem Smartphone greifst?"

Ich überlegte. „Das sind schon ein paar Mal", sinnierte ich. „Ich denke … 10-mal pro Stunde bestimmt. Nein, ich meine, sogar häufiger."

„Demnach mehr als 100-mal am Tag?"

„Jaaa", stimmte ich gedehnt zu.

„Ich will überhaupt nicht kritisieren, wie du diese Technik einsetzt. Das ist wohl die Realität, die Virtualität." Winni musste über diesen Widerspruch schmunzeln. „Kannst du mir erklären, weshalb der ständige Griff nach dem Smartphone notwendig erscheint?"

„Ja klar. Ich muss schließlich wissen, was los ist auf der Welt. Du weißt doch, was auf der Welt los ist. Jeden Augenblick geschieht etwas Unerwartetes! Es gibt ständig neue Informationen, Nachrichten, Werbungen und so weiter. Heute ändert sich alles Mögliche schlagartig. Was gestern noch ‚in' war, gleicht heute schon dem Mittelalter. Bin doch nicht von gestern." Ein wenig trotzig brummelte ich vor mich hin.

„Nein, bist du nicht", bestätigte Winni. „Hier kommen wir langsam aber sicher auf den Punkt. Du bekommst zahllose Informationen mit ständig aufgetretenen Neuigkeiten. Wann antwortest du?"

„Na, sofort", rief ich aus. „Ist doch klar, vor allem, wenn die Nachricht von einem Freund oder einer Freundin kommt."

„Erhältst du keine Werbung?"

„Doch massenhaft. Da ist vieles dabei, was nervt. Manchmal allerdings werde ich auf tolle Neuigkeiten aufmerksam gemacht, oder auf Produkte, die gerade gefragt sind. Ein Klick – und sie sind bestellt."

„Was nicht gefällt, wird zurückgeschickt. Richtig?"

„Ja, kostet ja nichts." Ich zuckte entschuldigend mit den Schultern.

„Ach, fast hätte ich es vergessen. Ich folge auch einigen Bloggern und Influenzern. Ist klasse, was den Leuten alles einfällt."

„Hm", ließ Winni hören. „Meinst du, dass du durch die vielen Informationen dein Leben optimieren kannst?"

„Na sicher! Was mich nicht interessiert kann ich sofort wegwischen. Zack – weg."

„Bringt dir diese Technik einen weiteren Nutzen im Leben?", fragte Winni nach.

2. Schneller Zugriff auf Informationen

Ich dachte kurz nach. Dann hob ich einen Zeigefinger, meine Augenbrauen zuckten kurz hoch. „Ja, sicher. Muss sich jemand informieren über etwas Historisches, über eine Person, die Schreibweise eines Wortes und so weiter, genügen 1, 2 Klicks – und schon steht die Antwort da." Stolz auf das Geschilderte, lehnte ich mich etwas – zugegebenermaßen herausfordernd – zurück.

„Lass uns mal was versuchen Sigi", schlägt Winni vor. „Tippe mal ,Goethe' ein."

„Augenblick. Goethe. Ja, habe ich."

„Wie viele Ergebnisse werden angezeigt?"

„Moment, es sind – wow – ungefähr 63.900.000. Das ist ja krass."

„Alle aus derselben Quelle?"

„Nein, natürlich nicht. Höchstwahrscheinlich die meisten von verschiedenen Adressen."

„O. k. Welchen Eintrag würdest du anschauen?"

„Meistens klicke ich auf den 1. oder 2. Eintrag."

„Weshalb nicht den 900sten oder den 9.000sten oder gar den 900.000sten?" bohrte Winni nach.

„Das ist doch viel zu umständlich. Ich würde mir ja die Finger wund scrollen."

„Woher weißt du, dass der oben angeklickte Eintrag der Beste ist und die richtige Information wiedergibt?"

„Wie soll ich das wissen? Je häufiger ein Eintrag angeklickt wird, desto höher rückt er in der Auflistung. Dann wird schon stimmen, was dort steht."

„Ah. Interessant deine Argumentation", meinte Winni mit ironischem Unterton. „Hast du schon mal was von Fake News gehört, Sigi?"

„Ach komm Winni. Jetzt übertreibst du wirklich."

„Lass uns mal das Thema wechseln. Wenn nur das Verhalten deiner Freundinnen und Freunde betrachtet ist … lassen die sich von, sagen wir mal, Influenzern beeinflussen?"

„Und ob. Du würdest gar nicht glauben, wie wild viele auf die Empfehlungen ihrer angehimmelten Influenzer schwören."

„Und dann auf deren Empfehlung den Artikel kaufen?"

„Ja, klar! Hier schau mal, diese Uhr habe ich auf solch einem Weg erstanden. War überhaupt nicht teuer. Weniger als 100 Euro." Stolz präsentierte ich Winni meine Armbanduhr, an der er aber kein richtiges Interesse zeigte. „Von mir aus könnte fast alles übers Internet vertrieben werden. Ist praktisch, einfach, schnell."

„Verlierst du manchmal den Überblick?"

„Ja, klar, bei der Suche nach einem Urlaubsort beispielsweise. Kann mir nicht endlos alle Angebote anschauen."

„Wie gehst du vor?", wollte Winni wissen.

„Ich orientiere mich dann an den Bewertungen anderer Kunden oder Reisenden."

„Du weißt schon, dass nicht alle ehrlich sind. Auch gekaufte Bewertungen sollen die Sterne nach oben drücken."

„Ja, ja. Ich weiß schon. Na, wenn ich darauf reinfalle, dann habe ich eben Pech gehabt." Ich wischte mit einer Handbewegung diesen Gedanken weg.

„Sind sonstige Einträge fachlich immer richtig?"

„Glaube ich nicht", antwortete ich nachdenklich. „Eine meiner Freundinnen studiert. Sie muss viel recherchieren. Immer wieder fällt ihr beim Vergleich verschiedener Seiten auf, dass der Inhalt wortgleich wiedergegeben ist. Also muss einer vom anderen abgeschrieben haben."

„Fehler werden mit abgeschrieben?"

„Scheint so", bestätigte ich. „Manchmal klagt meine Freundin, dass sie unterschiedliche, sogar gegensätzliche Aussagen entdeckt. Eine Aussage widerspricht 100-prozentig der anderen. Welche ist richtig?"

„Ja, welche denn nun? Woher weiß deine Freundin, welche Angabe stimmt?", wollte Winni wissen.

„Gar nicht. Sie sucht und sucht. Die Angabe, die am häufigsten auftaucht, wählt sie dann aus."

„Ob das so klug ist?", murmelte Winni, ohne eine Antwort abzuwarten.

3. Ständig sichtbar bleiben

Ich dachte nach – Winni offensichtlich auch. Es war für einige Augenblick still. Winni ergriff das Wort.

„Sag mal Sigi", legte Winni eine Art Denkpause ein. „Da wo ich her-komme, kommt es vor, dass wir Freunde tagelang nicht sehen. Nach mehreren ..."

„Ja, lieber Winni", unterbrach ich ungeduldig. „Nach mehreren Tagen trefft ihr euch wieder und wundert euch, dass ihr noch da seid. Oder?"

„So ungefähr ist es", räumte Winni ein. Unvermittelt fragte er: „Wie oft siehst du deine Freunde und Bekannten?"

„Fast jeden Tag, manchmal mehrmals am Tag."

„Mehrmals am Tag trefft ihr euch?" Winni schaute ungläubig.

„Na ja, virtuelles Treffen meine ich natürlich."

„Ach so", Winni stöhnte erleichtert auf. „Hatte mich schon gewun-dert."

„Aber Winni, das haben wir vorhin doch schon besprochen. Hier mal eine kleine Nachricht versenden, dort ein ‚Hallo', da mal ein Selfie schicken. Man muss doch zeigen, dass man existiert."

„Man?", fragte Winni und bohrte mit tadelndem Blick nach.

„Ich meine natürlich mich", korrigierte ich mich.

„... Natürlich ...", murmelte Winni.

„Ja, also nicht natürlich, sondern, ich meine mich – und viele meiner Freunde und Bekannten auch. So!" Ich kreuzte meine Arme vor mei-nem Oberkörper und lehnte mich im Stuhl zurück.

„Nun sei nicht gleich eingeschnappt, Sigi."

„Ja, ja, schon gut." Ich hatte meinen Anflug von Frust schon längst vergessen. „Sieh es mal so, Winni", hob ich zu einer kleinen Beleh-rung an. „Freunde und gute Bekannte zu finden, ist nicht so einfach. Freundschaften zu halten, auch nicht. Wer möchte schon einen Freund haben, von dem er nur alle zwei Wochen hört?" Obwohl die

Frage rhetorischer Art war, antwortete ich auf meine eigene Frage: „Keiner!"

„Aha." Winni schaute mich ausdruckslos an.

Ich fühlte mich aufgefordert, erklärend weiterzufahren. „Nun, wir tauschen uns täglich aus, was wir gerade so tun, was uns bewegt, was wir arbeiten und anderes."

„Sind das immer nur relevante Daten?"

„Nein, Winni. Das ist doch nicht so wichtig. Wichtiger ist der Kontakt als solcher. Es ist ausschlaggebend, in Kontakt zu bleiben."

„Vielleicht deswegen, um zu zeigen, dass jeder noch lebt?"

„Das könnte sein", dachte ich laut nach.

„Würde es dir auffallen, käme ein paar Tage lang keine Nachricht einer deiner Freunde?"

„Aber sicher doch. Dann stimmt was nicht. Ist er sauer? Habe ich etwas falsch gemacht? Hat er kein Interesse mehr an mir?"

„Eine fehlende Rückmeldung bedeutet, dass irgendetwas nicht stimmt?"

„Nicht zwangsläufig – aber sehr wahrscheinlich schon."

„Wenn er sich länger nicht meldet?"

Individualität und Gleichheit?

„Dann muss ich auch keine Nachricht mehr schicken. Vielleicht hatte er kein Interesse. Glücklicherweise gibt es ja Dienste, die eine Nachricht an den kompletten Freundeskreis versenden. Alle in meiner Gruppe erhalten dieselbe Nachricht. Das ist sehr praktisch, Winni. So wird keiner vergessen." Ich griff nach einem Keks. „Winni, bediene dich", wobei ich auf die Kekse deutete.

„Sigi, ich betrachte diese Vorgehensweise als oberflächlich."

„Ach, weshalb das denn?", fragte ich kauend.

„Weil alle dieselbe Information erhalten, sogar zur selben Zeit. Das ist doch total unpersönlich!"

Ich dachte nach. „Du meinst, weil alle dieselbe Nachricht bekommen?"

„Ja. Wo bleibt die Individualität?"

„Die bleibt wohl auf der Strecke", gab ich zögerlich zu. „Aber ..."

„Halt!", unterbrach Winni. „Da gibt es kein Aber. Stimmst du mir zu, dass jeder Mensch ein Individuum ist, mit eigenen Bedürfnissen, Wünschen, Ängsten, Zielen und vielen anderen Unterschieden mehr?"

„Ja, ja, ja Winni. Ich habe verstanden!"

„Wie kann dann ein und dieselbe Nachricht auf die Bedürfnisse Einzelner passen?"

„Nun ja ..."

„Nun nein", korrigierte Winni. „Erhieltest du eine Geburtstagsmail mit genau demselben Text und gegebenenfalls demselben Anhang wie alle deine Freunde auch, wäre sie weniger wertvoll, als eine individuell gestaltete, oder?"

„Ja sicher."

„Genau darauf will ich hinaus, mein lieber Sigi. Qualität vor Quantität!"

„Du meinst weniger Nachrichten?"

„Weniger ja, aber dafür persönlicher."

„Das kostet mehr Überlegung", warf ich ein.

„Genauso ist es Sigi. Statt täglich alle Empfänger mit deckungsgleichen Nachrichten zuzuschütten, lieber gezielt die ‚wertvollen' Kontakte in persönlicher Form anschreiben."

Ich war noch nicht ganz überzeugt.

„Du bist noch nicht ganz überzeugt", meinte Winni.

Zuerst erschrak ich, erinnerte mich aber dann doch daran, dass Winni offensichtlich Gedanken lesen konnte.

„So ist es, Sigi", bestätigte Winni meine Gedanken.

„Nimm dir lieber die Zeit, individuelle Nachrichten zu versenden. Das kostet verständlicherweise mehr Energie und etwas mehr Zeit als sonst. Aber Freunde sind es wert, dass sie als solche behandelt werden. Du wirst bemerken, dass die Angeschriebenen realisieren, wie du mit ihnen umgehst. Optimiere dein Vorgehen. Vertrauen wird sich aufbauen. Dann ist es auch nicht so schlimm, wenn mal zwei, drei Tage keine Nachricht eintrifft."

„Nun gut", gestand ich ein. „Ich werde mir zukünftig mehr Zeit nehmen, Nachrichten viel persönlicher und individueller zu gestalten."

Ein Lebenszeichen senden

„Dazu kommt noch etwas anderes." Winni räusperte sich.

„Ja was denn?", fragte ich neugierig.

„Du hast nämlich in einem wichtigen Punkt recht."

„Aha", ich war ganz Ohr. Was meinte Winni?

„Die täglichen Kurznachrichten, von denen wir eingangs sprachen, sind tatsächlich auch wichtig."

„Ach nein!", rief ich überrascht aus. „Guck mal an!"

„Ja, ja, ich verstehe schon", maulte Winni. „Ich meine: Wer nicht präsent ist, auch und gerade online – verschwindet sozusagen von der ‚Bild'-Fläche. Er wird nicht mehr wahrgenommen, sozusagen nicht mehr gesehen."

Ich zeigte höchste Aufmerksamkeit. „Verschwindet von der Bildfläche – schönes Bild", stimmte ich zu. Ich ließ die Worte auf mich wirken. „Das ist absolut korrekt." Ich nickte mit dem Kopf, nachdem mir die Gedanken sozusagen die Augen öffneten.

„Im digitalen Zeitalter, in dem wir leben," dozierte Winni weiter, „ist es unglaublich wichtig, sehr schnell und ständig zu zeigen, noch unter den Lebenden zu weilen – egal, wie makaber das klingen mag."

Nach einer kurzen, pietätvoll wirkenden Pause fuhr er fort.

„Meine Beobachtungen zeigen mir: Wer nicht ständig seine Präsenz signalisiert, sei es durch einen Kommentar, einen ‚Daumen hoch', einen winkenden Smiley oder Vergleichbares, gerät in Vergessenheit. Wer nicht immer mal wieder ein Selfie postet, hat wohl ‚nichts erlebt' oder ‚nichts zu bieten'. Die Präsenz in der Gruppe der Freunde verblasst. Auf Dauer wird der so Handelnde in der Tat vergessen. Böse ergänzt: Was wollen wir mit jemandem, der nichts erlebt hat?"

„Was folgt daraus?", wollte ich wissen.

„Nun, ganz einfach, Kontakte pflegen."

„Aber," warf ich pfiffig ein. „Vorhin lautete deine Empfehlung, sich rar zu machen. Nun meinst du, immer wieder ‚Lebenssignale' zu senden."

„Nur im ersten Moment scheint das ein Widerspruch zu sein, Sigi. Hin und wieder eine personenbezogene Nachricht posten – o. k. So bleibst du in Erinnerung und zwar positiv. Vor längerer Zeit sprachen wir einmal über das Thema ‚aus der Masse ragen'. Erinnerst du dich?"

„Na klar, Winni. Profil zeigen, natürlich im positiven Sinn. Das ist es, was du meinst?"

„Ja, genau, Sigi. Vermeide, in der virtuellen Welt unsichtbar zu werden. Bleibe mit deinem Profil sichtbar und sende ein gut formuliertes

‚Lebenszeichen' dort, wo es sinnvoll ist. Wir wollen ja Optimismus ausstrahlen und optimistisch leben."

4. Ständig Entscheidungen treffen

Ich saß gerade bei einem Glas Milch gemütlich in meinem Sessel und blätterte in einem spannenden Roman. Tatsächlich hatte ich mein Smartphone zur Seite gelegt, um nicht bei jedem Signal sofort nachzuschauen, welche Nachricht eingegangen war. Überraschenderweise war durch mein geändertes Verhalten kein Nachteil für mich entstanden.

In der Tat hatte ich jeden Tag die einstündige Pause von der digitalen Welt schon eine Woche durchgehalten. Ob das auch in den nächsten Tagen klappen würde?

„Na klar wird es das", ließ mich Winnis Stimme erschrocken aus meinen Gedanken reißen. Winni saß gegenüber in einem Sessel.

„Ich habe gar nicht mitbekommen, dass du gekommen bist, Winni. Schön, dich wieder zu sehen."

„Ebenso, lieber Sigi."

„Warst du einige Tage verschwunden?"

„Was heißt verschwunden, Sigi. Da wo ich herkomme, kann es passieren ..."

„Schon gut Winni", unterbrach ich ihn. Auf seine ewigen Monologe hatte ich keine Lust.

„Du scheinst zu vergessen, dass ich auch noch ein anderes Dasein pflege", maulte Winni.

„Oh nein, das habe ich nicht vergessen. Ich weiß doch, dass du viel beschäftigt bist." Ich bemerkte, dass Winni diese Worte guttaten. Sein Unmut schien bereits zu verfliegen.

„Schon gut, Sigi, wie hast du dich entschieden?"

„Entschieden wofür?" Verwundert schaute ich Winni an.

Ungeduldig warf Winni ein: „Du hast doch gerade überlegt, ob du auch in der nächsten Woche je eine Stunde Handy-Abstinenz praktizieren wolltest."

Verdattert schaute ich Winni an. Es dauerte einige Augenblicke, bis mir bewusst wurde, was Winni meinte. „Ach ja, jetzt fällt es mir wieder ein. Musste mich gerade orientieren."

„Wie ist deine Entscheidung ausgefallen?"

„Na wie wohl? Selbstverständlich werde ich mich von der ständigen virtuellen Präsenz distanzieren." Ich war stolz, solch einen gestelzten Satz formuliert zu haben.

„Oha! Das finde ich beachtenswert." Bewundernd nickte Winni mit seinem Kopf. „Was isst du heute zu Abend?", fragte er unvermittelt.

„Wie kommst du denn darauf?", wollte ich wissen. „Weiß ich noch nicht. Entweder ein Teigwarengericht oder doch lieber ein Käsebrot. Muss mich noch entscheiden."

„Wann treibst du das nächste Mal wieder Sport?"

„Winni, welche Fragen stellst du mir? Das weiß ich noch nicht. Ich habe mich noch nicht entschieden."

„Aha, auch noch nicht entschieden", stellte Winni oberlehrerhaft fest. „Interessant."

„Was ist daran interessant, Winni? Ich spürte eine leichte Ungeduld in mir aufkeimen.

„Ich habe mitgezählt, dass du in wenigen Minuten mehrmals eine Entscheidung treffen solltest."

„Ach, habe ich gar nicht richtig wahrgenommen", sagte ich nachdenklich.

„Nun, genau gesagt, besteht das komplette Leben aus Entscheidungen. Wann will ich aufstehen? Beim Klingeln des Weckers: Stehe ich sofort auf oder bleibe ich noch 5 Minuten liegen? Was ziehe ich heute an? Nehme ich ein Marmeladenbrot zum Frühstück oder bevorzuge ich ein Müsli – oder beides? Und so weiter, und so weiter."

„Tatsächlich Winni, das stimmt. Eine Freundin von mir wollte studieren. BA, Bachelor of Arts. Aber was genau? Bachelor in Unternehmensführung, in Architektur, Kommunikation, Tourismus, Betriebswirtschaft, IT-Sicherheit, Schauspiel, Marketing …"

„Stopp, stopp Sigi, schon gut. Ich weiß, es gibt hunderte, vielleicht sogar tausende Studiengänge. Das ist doch fantastisch, solch ein Angebot."

„Meine Freundin brauchte über ein halbes Jahr, bis sie sich mehr oder weniger entschieden hatte. Schließlich musste sie noch wählen zwischen einem Online-Studiengang oder einem Präsenz-Studiengang."

„Hat sie gut gewählt?"

„Ich bin nicht sicher, aber ich denke schon."

„Gut."

„Kaum hatte sie angefangen zu studieren, musste sie eine Wahl treffen, in welchem Unternehmen sie ihr Praktikum absolvierten wollte. Damit nicht genug, an welcher Uni wollte sie ihr Auslandssemester verbringen? Oder wollte sie in Deutschland bleiben?" Ich seufzte. „Ich wusste gar nicht, dass es so herausfordernd ist, einen passenden Studiengang zu finden."

„Musste sie zum Studienort umziehen?"

„Ja."

„Wo wohnt sie?"

„Ach, ich weiß worauf du hinauswillst, Winni." Wissend lächelte ich. „Studentenwohnheim, WG oder eine Mietwohnung? Wieder Entscheidungen. Wieder und wieder."

„Du hast es begriffen Winni. Wie ich vorhin sagte. Das Leben besteht aus ständigen Entscheidungen. Weshalb ist das so?"

„Weshalb das so ist?", sinnierte ich. „Um eine Auswahl zu bieten."

„Ja richtig. Weshalb?"

„Weshalb die Auswahl? Nun, unser Leben ist so vielfältig, es werden fast unendlich viele Optionen geboten. Jeder kann für sich den Weg wählen, den er gehen – den er leben – will."

5. Alternativen finden

Winni streckte sich in seinem Sessel. „Wow, das war ja fast schon eine wissenschaftliche Analyse", lobte Winni. „Genauso ist es. Böte unser Leben nur einen Weg – also keine Alternative – verlief es sehr eintönig. Der Lebensablauf wäre mehr oder weniger vorbestimmt. Bildhaft beschrieben, wie das Leben der Bauern im Mittelalter gewesen sein könnte. Eintönig und traurig."

Ich versuchte mir den immer wiederkehrenden Ablauf eines mittelalterlichen Bauern vorzustellen. „Nicht begehrenswert, oder?"

„Aus heutiger Sicht nicht", bestätigte der gedankenlesende Winni. „Damit sich ein Mensch – und damit die Gesellschaft – weiter entwickeln konnte, musste es Optionen geben, die von Menschen gewählt werden konnten. Fast alle wollen und wollten – das ist nachvollziehbar – das Beste aus ihrem Leben machen."

Ich sagte: „Die beste Ausbildung, der erfüllendste Beruf, die begehrenswerteste Partnerin oder Partner, den …"

„So ist es, Sigi", unterbrach mich Winni. „Besser, schneller, höher, weiter … Glücklicherweise haben die Menschen unterschiedliche Bedürfnisse, Vorlieben und Wünsche, sodass sich idealerweise jeder das aussuchen kann, was er will." Winni pausierte, bevor er ergänzte: „… und glücklich werden kann. Über Glücklichsein werden wir uns ein anderes Mal austauschen", schlug Winni vor.

„Ich sehe alles genauso", bestätigte ich.

„Es entsteht eine Art Wettbewerb des Suchenden und …"

„… und des Anbietenden."

„Ganz genau, Sigi. Du denkst sehr gut mit." Winni strahlte mich an. „Die Anbieter, die Werbenden, überschlagen sich förmlich mit ihren Angeboten. Sie haben das Ziel, möglichst viele Menschen zu überzeugen, ihr Angebot in Anspruch zu nehmen. So weit, so gut."

Ich zog die Augenbrauen hoch und schaute Winni fragend an.

„Dadurch entsteht ein unüberschaubares Angebot für den Konsumenten. Sigi, es gibt nicht mehr nur Tee oder Kaffee, sondern Espresso, Latte Macchiato, Cappuccino, Milchkaffee, Mokka, Pharisäer, Eiskaffee, Vanillekaffee, Karamell…"

„Blümchenkaffee, den darfst du nicht vergessen", lachte ich.

„Blümchenkaffee, was ist das?" Winni wunderte sich.

„Ach, so wird ein dünner Kaffee bezeichnet, durch den das Blümchenmuster am Boden der Tasse gesehen werden kann."

Winni musste herzhaft und laut lachen. „Ach, ich sehe solch einen Kaffee in einer altmodischen Tasse mit Blümchenmuster regelrecht vor mir. Muss ja ekelig schmecken."

„Ich denke schon", pflichtete ich bei.

„Aber zurück zum Thema." Winni wurde wieder seriös. „Wir sehen, das Angebot an Kaffeevariationen ist groß, sehr groß."

„Gut, dass nicht jeder Coffeeshop solch eine Riesenauswahl anbietet. Ich täte mich dann schwer, mich zu entscheiden."

„Schon wieder sind wir bei unserem Thema, Entscheidungen treffen. Du sagst selbst, dass es dir manchmal schwerfällt, Entscheidungen zu treffen."

„Das stimmt. Ich grüble dann Tag und Nacht, welche Entscheidung die richtige ist. Wähle ich ein rotes oder ein blaues T-Shirt? Kann ich mich nicht entscheiden, nehme ich manchmal beide."

„Da wird sich der Anbieter freuen."

„Ja, dann habe ich die Entscheidung sozusagen ausgetrickst." Vergnügt rieb ich mir die Hände.

Verzicht üben

„Ah, so siehst du das", meinte Winni, wobei er eine Augenbraue fragend nach oben zog. Wie gefällt dir die folgende Option: weder das eine noch das andere?"

„Ich hatte das Gefühl, dass Winni mich herausfordernd anblickte. „Keines?", fragte ich, mehr an mich selbst als ein Winni gewandt.

„Ja, das ist doch auch eine Möglichkeit, oder?"

„Sicher, wenn du es so betrachtest ..."

„Ich sehe es so", bestätigte Winni. Wir lassen uns durch die vielen Angebote manchmal unter einen enormen Druck setzen, Entscheidungen treffen zu müssen. Nicht umsonst entsteht unnötiger Stress. Dieser Stress tut uns nicht gut."

„Du meinst, aufgrund der vielfältigen Angebote und den dadurch entstehenden Entscheidungsdruck machen wir uns das Leben schwer?"

„Leichter, weil es die Angebote gibt und schwerer, weil es sie gibt", meinte Winni sibyllinisch.

„Was sagst du da, Winni?"

„Naja, es wird einerseits leichter und andererseits schwieriger. Empfinden wir es als leichter, wird das Leben optimiert. Tun wir uns schwerer, sehen wir es eher pessimistisch."

„Oh Mann", stöhnte ich. „Das ist ja mal wieder philosophisch."

„Wie du meinst. Ich will es so beleuchten: Entsteht Stress aufgrund der Schwierigkeiten bei der Entscheidung, tut es dem Menschen auf Dauer nicht gut. Er fängt an zu grübeln, eventuell zu verzweifeln. Er wägt endlos ab, stellt Vor- und Nachteile gegenüber und findet unter Umständen trotzdem keine Lösung."

„Wie komme ich aus dem Dilemma?"

„Rotes oder blaues T-Shirt – gar keines! Fertig. Oder würde dir vielleicht ein orangefarbenes Polo besser gefallen? Lass dich nicht hetzen von den Entscheidungen, mit denen du täglich konfrontiert wirst. Handle einfach so, wie du es willst."

„Ist das nicht auch eine Art Entscheidung?"

„Ja, in gewisser Weise ist es so. Du hast aber nicht zwischen Blau und Rot entschieden, sondern bist ganz anders vorgegangen."

„Indem ich das orangefarbene Polo wählte?"

„Ja. Lass dich nicht zuschütten mit aufgezwungenen Entscheidungen. Mache ganz einfach das, was du willst. Grüble nicht bei allem nach. Spare das Pro und Contra. Verwende deine Gedanken für anderes."

„Gehe ich dadurch nicht ein Risiko ein?"

„Ich denke schon. Entscheide dich" – er musste beim Wort ,entscheide' lächeln" – ob das mögliche Risiko den gedanklichen Stress und die damit verbundene Unsicherheit aufwiegt. Mache es einfach."
Winni hob seinen Zeigefinger. „Aber Achtung: Damit wir uns gut verstehen. Nicht immer ohne Abwägung lospreschen. Vieles gilt natürlich

gut abzuwägen. Aber vieles andere eben nicht. Verhalte dich spontan in einigen Fällen. Optimiere hier dein Vorgehen. So, wie du es bei der täglichen einstündigen Abstinenz deiner digitalen Technik schon umsetzt."

Ich nickte.

„Noch ein Hinweis. Du kennst bestimmt Führungskräfte, die jegliche Entscheidung an sich reißen. Sie lassen ihren Mitarbeitern und Mitarbeiterinnen überhaupt keine Entscheidungsmöglichkeit. Alles wollen sie selbst bestimmen. Vertrauen sie ihren Beschäftigten nicht? Wie sollen die sich weiterentwickeln können? Die erwähnte Führungskraft stöhnt anschließend, dass sie alles allein machen müsse. Sie klagt, dass sie keine Zeit habe, Wichtigeres zu tun, weil die Mitarbeiter unfähig sind, selbstständig zu arbeiten."

„Ja, Winni, solche Typen sind mir bekannt. Die würden am liebsten alles selbst machen."

„Verstärkt werden diese Führungskräfte über Zeitmangel klagen und sich gleichzeitig unglaublichen Stress aufladen. Aus dieser Situation entkämen sie ganz leicht. Nämlich: Aufgaben – in unserem Fall Entscheidung – zu delegieren."

Ohne jegliche Vorwarnung war Winni schlagartig verschwunden und ließ mich nachdenklich zurück.

(Liebe Leserin, lieber Leser, kennen Sie ein Beispiel, bei dem Sie trotz aller Überlegungen keine Entscheidung treffen können? Wäre es das Risiko wert, auf die Abwägung zu verzichten und einfach loszulegen? Was meinen Sie? Entscheiden ☺ Sie selbst.)

6. Zufrieden und glücklich

Flog da ein Insekt durch das Zimmer? Wie wild sauste etwas Undefinierbares kreuz und quer durch den Raum, manchmal haarscharf an meiner Nase vorbei. Ich wollte schon danach schlagen, als ich Winnis Stimme hörte.

„Nicht schlagen! Sigi, ich bin es doch!" Aus dem scheinbaren Insekt wuchs – null Komma nichts – Winni zu seiner üblichen Größe heran.

„Mensch Winni, mache doch nicht solch einen Blödsinn!", mahnte ich leicht verärgert.

„Weshalb nicht?", strahlte mich Winni gut gelaunt an. „Das Leben ist viel zu schön, um traurig zu sein. Lass uns doch hin und wieder mal etwas verrückt sein. Da wo ich herkomme, können viele …"

„Schon gut, schon gut", unterbrach ich Winni. „Bestimmt können dort alle wie ein Insekt rumfliegen." Diese Aussage brachte mir einen missbilligen Blick Winnis ein.

„Wie geht es dir?", fragte Winni.

„Ich bin zufrieden", antwortete ich.

„Nur zufrieden?", bohrte Winni nach. „In der Schule wäre das ein ‚befriedigend', also eine 3."

„Na ja, ein bisschen besser geht es mir schon."

„Ach Sigi", seufzte Winni und schüttelte seinen Kopf von links nach rechts und zurück. So, als wäre bei mir ‚Hopfen und Malz' verloren.

„So schlimm ist es auch nicht mit mir", antwortet ich, leicht betroffen nach unten schauend.

„Zufrieden oder glücklich? Häufig wird Glücklichsein mit Zufriedenheit gleichgesetzt oder sogar verwechselt. Darüber haben wir uns früher schon einmal unterhalten. Ich führe hier erneut mein damaliges Beispiel an. Wenn beispielsweise einer sagt: ‚Ich bin zufrieden mit meinem Leben' oder: ‚Ich bin ganz zufrieden mit meinem Leben', dann drückt er eine Art dauerhaften Zustand aus. Er ist mit den gegebenen Verhältnissen einverstanden. ‚Es ist so wie es ist.' ‚Es könnte zwar besser sein, aber es ist schon o. k. so.' Wie hört sich das an? Eben eine 3 als Schulnote, als Lebensnote. Findest du, das Leben sollte gerade mal ‚so befriedigend' gelebt werden?"

„Na, etwas besser wäre natürlich schön."

Winni schnippte mit den Fingern, sodass sich ein hologrammartiges Diagramm vor meinen Augen öffnete.

Winni fuhr fort: „Das soll die Kurve der Zufriedenheit darstellen. Sie läuft von links nach rechts. Moment bitte." Nun erschienen noch 2 Pfeile.

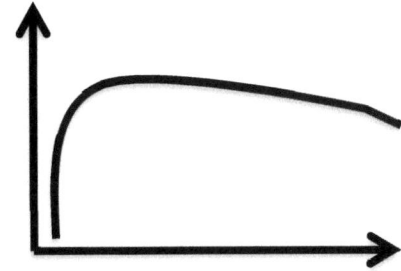

„Der Pfeil waagrecht mit der Pfeilspitze nach rechts symbolisiert die Lebenszeit. Der senkrechte Pfeil links steht für die Ausprägung der Zufriedenheit. Je höher du auf der senkrechten Achse bist, desto zufriedener durchlebst du dein Leben."

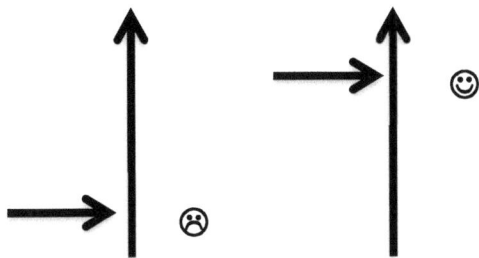

„Nun füge ich dem Diagramm noch eine gepunktete Linie hinzu, die den Durchschnitt aller Menschen darstellen soll."

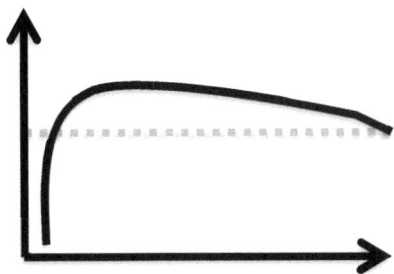

Ich fragte: „Unterhalb der gepunkteten Linie besteht Unzufriedenheit, oberhalb eher Zufriedenheit. Sehe ich das richtig?"

„Bingo", freute sich Winni.

„Weshalb fällt die Kurve im Laufe der Zeit leicht ab?"

„Das verhält sich so: Je nach anhaltendem Zufriedenheitszustand wird im Lauf der Zeit nach und nach die Zufriedenheitskurve leicht abfallen. Es ist im Leben kein großes Auf und Ab zu erkennen."

„Ja."

„Schaust du dir die Kurve genau an, kannst du eine gewisse Eintönigkeit erkennen. Eine Eintönigkeit im Leben wohlgemerkt. Es scheint offensichtlich nichts Besonderes im Leben zu geschehen. Deshalb kommt es vor, dass jemand am Ende seines Lebens sagt: ‚Ich war mit meinem Leben ganz zufrieden.'"

„Oh, es stellt sich so eine Art ‚ist-schon-o. k.-Zufriedenheit-Stimmung ein?"

„Besser hätte ich es nicht ausdrücken können", schmeichelte mir Winni. „Du siehst, dass die Kurve nicht bis ganz nach oben im Diagramm reicht. Stellen wir uns mal vor, dass die gepunktete Linie 50 % der Höhe der Y-Achse markiert. Die bisherige Kurve erreicht geschätzte 70 %."

„70 % sind nicht schlecht."

„Genau. Nicht schlecht. Aber sind 70 % gut? Immerhin liegt zwischen den angenommenen 70 % als bisher höchste Ausprägung noch eine Differenz von 30 % bis zur höchsten, 100-prozentigen Annahme."

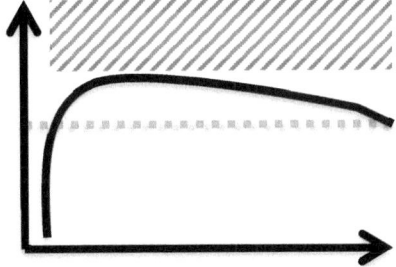

„Ich habe das Feld hier mal schraffiert. Es zeigt den Bereich, der durch die aktuelle Zufriedenheit nicht genutzt wird."

Ich war neugierig geworden. „Winni, wie kann meine Kurve in den schraffierten Bereich steigen?"

„Auf diese Frage habe ich gehofft, Sigi. Nun, relativ einfach, zumindest in der Theorie. Gib deinem Leben immer wieder einen ‚Input'. Darunter verstehe ich etwas Erstrebenswertes, etwas Neues, etwas Aufregendes, etwas, das Neugierde weckt, etwas Verrücktes, kreative Tätigkeiten, die das Leben lebenswerter machen. Momente, die dich begeistern und glücklich werden lassen."

Glücks-Momente

„Aber bedenke bitte", fuhr Winni fort, „im Gegensatz zur dauerhaften Linie der Zufriedenheit hält das Gefühl, glücklich zu sein, leider nur für einen kurzen Moment an."

„Oh", murmelte ich enttäuscht.

„Kein Grund enttäuscht zu sein, Sigi. Pass auf: Ich spreche von Glücks-Momenten. Diese Glücks-Momente halten einige Sekunden, Minuten, vielleicht sogar auch ein paar Stunden an. Richten wir unsere Aufmerksamkeit auf diese Glücks-Momente, unabhängig davon, wie lange sie tatsächlich andauern. Auf deine komplette Lebenszeit bezogen sind es immer nur kurze Momente, die ich hier als Sternchen darstellen will. In deinem Leben kannst du unzählige Glücks-Momente sammeln. Ich lasse einige im Diagramm erscheinen."

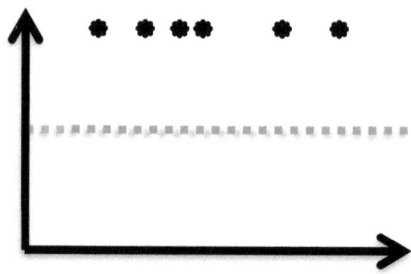

„Du hast mir vor einigen Tagen deine Armbanduhr gezeigt, die du auf das Lob eines Influenzers kauftest."

„Das stimmt, Winni. Hier ist sie. Willst sie dir anschauen?"

„Danke nein", winkte Winnie ab. „Warst du glücklich, als du die Uhr zu Hause auspacken konntest?"

„Ja, ich war sehr glücklich. Ich habe mich riesig gefreut."

„Bist du immer noch glücklich mit der Uhr?"

„Was heißt glücklich? Ich bin froh, dass ich sie habe. Ist eine schöne Uhr."

„Du bist also zufrieden mit deinem Kauf", bohrte Winni nach.

„Ja."

„Und du warst glücklich, als du die wunderbare Uhr auspacktest?"

„Noch mal ja."

„Siehst du Sigi, das ist es, was ich vermitteln will. Der Kauf, beziehungsweise das Auspacken der Uhr, ließ einen Glücks-Moment entstehen. Dieser hält ein paar Sekunden oder Minuten an. Dann wandelt er sich um in Zufriedenheit."

Ich dachte einen Augenblick nach. „Ja, das mag sein", bestätigte ich.

„Ich deute unter dem Glücks-Moment einen Ausschnitt der Zufrieden-heitskurve an. Hier.

Durch immer wieder neue Glücks-Momente lässt sich die Kurve stän-dig nach oben ziehen, um dem Abfallen wie bei der erstgezeigten Kurve entgegenzuwirken."

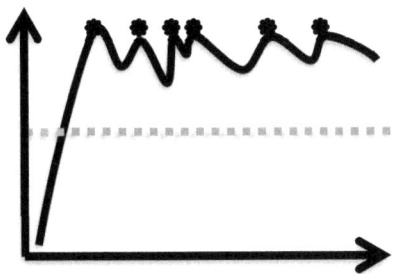

„Die Zufriedenheitskurve liegt jetzt deutlich höher als vorher", rief ich aus.

„So ist es. Ich lege mal die ursprüngliche Zufriedenheitskurve und die neue im selben Diagramm übereinander." Winnie wischte mit einer Hand. „So, da sind die beiden Kurven. Jetzt können wir die Darstel-lung gut erkennen."

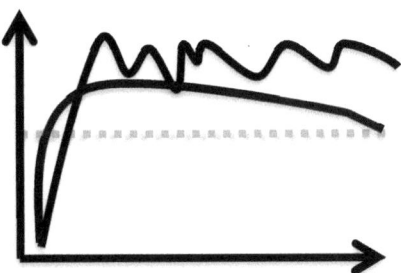

„Das sieht toll aus", rief ich begeistert. Die neue Kurve zeigt zwar Schwankungen, liegt allerdings deutlich höher als die ursprüngliche

Kurve. Sehr gut ist der Unterschied am Ende der beiden Kurven zu sehen."

„So ist es Sigi." Winni legte eine kurze Pause ein, setzte sich bequem und fuhr fort. „Ich schlage vor, dass du dein Leben durchforstest, um höchstwahrscheinlich noch eine ganze Menge Glücks-Momente zu finden. Werde dir dieser Glücks-Momente bewusst. Immer wieder, auch über vergangene. In der Vergangenheit empfundene Glücks-Momente kannst du in der Gegenwart wieder abrufen und unter Umständen ein vergleichbares Glücksgefühl wie damals empfinden. Optimiere dein Glücks-Empfinden!"

„Ja", sagte ich.

„Auch dann, wenn dein Leben bisher gerade mal ‚zufriedenstellend' verlief, kannst du deutlich dafür sorgen, dass es sich in der Zukunft ganz anders anfühlen wird. Meine Tipps sind eindeutig: Nimm das, was um dich herum geschieht, deutlicher wahr. Achte auf deine Mitmenschen, deine Umwelt und was alles so geschieht. Es gibt viel wahrzunehmen, zu erleben und in eine entsprechende emotionale Stimmung zu bringen. Denk einmal darüber nach, Sigi, und werde diesbezüglich aktiv."

„Ja, das mache ich. Ich verspreche es."

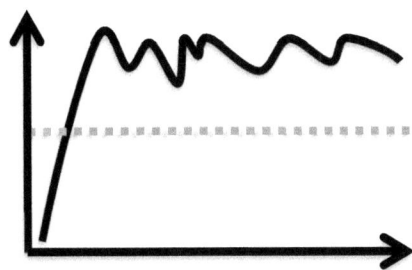

„So sieht ein glückliches Leben aus." Ein letztes Diagramm erschien. „Ich wünsche dir einen glücklichen Tag, lieber Sigi." Unerwartet und schnell schrumpfte Winni zur Größe eines Insekts, hob ab, brummte eine Weile kreuz und quer durchs Zimmer und schoss dann mit einer Wahnsinnsgeschwindigkeit davon.

(Liebe Leserin, lieber Leser, wann waren Sie das letzte Mal ‚richtig' glücklich? Schreiben Sie eine Situation auf. Wie lange hielt das Glücksgefühl an? Welche Situationen könnten Sie provozieren, mehr Glücks-Momente zu erzielen, um Ihre Zufriedenheitskurve nach oben zu ziehen? Wenn Sie möchten: Optimieren Sie Ihr Glücksgefühl. Viel Erfolg.)

Teil 2
Attraktiver

Ist ästhetische Schönheit vorteilhaft?

„Ich will attraktiv sein!"

1. Sozialer Druck nach Schönheit und Schönheitswahn

Gerade hatte ich meine Zähne geputzt und warf einen prüfenden Blick in den Spiegel. Plötzlich sah ich Winnis Spiegelbild vor mir. Erschrocken zuckte ich zurück.

„Guten Morgen, lieber Sigi", begrüßte mich Winni lächelnd. „Sehe ich so schlimm aus, dass dich mein Spiegelbild so erschreckt?"

„Nein, nein", stammelte ich. „Ich hatte dich nicht als Spiegelbild meiner selbst erwartet, Winni. Guten Morgen." Ich hatte mich wieder ‚im Griff'.

„Gefällst du dir?"

„Ob ich mir gefalle?"

„Ja, du hast doch soeben einen kritischen Blick in den Spiegel geworfen."

„Ach so. Ja. Alles in Ordnung. Wollte nur sehen, ob noch Zahnpasta oder anderes in meinem Gesicht klebt."

„Oh, also bist du schön?"

„Du willst wissen, ob ich schön bin?", wunderte ich mich. „Na, ich finde mich zumindest nicht hässlich. Also schön, von mir aus."

„Findest du es wichtig, ästhetisch schön zu sein?"

„Na ja", versuchte ich mich auf diese Ansicht einzustellen. „Natürlich ist es besser, als hässlich zu sein."

„Gut. Ich will sagen: ästhetisch ansprechend. Könntest du mir bei dieser Formulierung zustimmen?"

„Ja", nickte ich. „Ansprechend passt besser."

„Meinst du Sigi, dass ansprechend wirkende Menschen leichter durchs Leben kommen?"

Einen kurzen Augenblick dachte ich nach, bevor ich zustimmte. „Ja, ich bin ziemlich sicher, dass sie leichter überzeugen können."

„Weshalb?"

„Nun, zum Beispiel, wenn jemand einen Freund oder eine Freundin sucht. Hübsche Menschen werden eher angesprochen als hässliche."

„Unterstellen wir, dass es so ist. Das bedeutet, dass hübsche Menschen leichter eine Beziehung aufbauen können."

„Ich denke schon."

„Sind sie glücklich?"

„Hm, nicht unbedingt. In einer Freundschaft oder einer Beziehung kommt es eher auf die ‚inneren Werte' an, wie die Gesellschaft so schön sagt."

Hübsch gleich Erfolg?

„Aha", sagte Winni. „Ich fasse zusammen: Der Hübsche findet leichter Kontakt, was aber nicht zwangsläufig heißt, dass eine Beziehung glücklicher läuft oder länger hält."

„Da stimme ich zu."

„Bringt das ästhetisch Schöne auch Vorteile im Berufsleben?"

„Ich nehme an, dass diese Überlegung übertragbar ist. Der hübsche Bewerber oder die hübsche Bewerberin erhält bei gleichen Zeugnis- und Erfahrungswerten sehr wahrscheinlich eher den Zuschlag."

„Ist das fair?"

„Puh, was soll ich sagen?", stöhnte ich. „Fair oder nicht fair – es ist so."

„O. k.", meinte Winni. „Ich sehe es genauso. Wer möchte gerne mit einem hässlichen Menschen zu…"

„Ah", warf ich ein. „Das ist unfair, jemanden als hässlich zu bezeichnen."

Verschmitzt, oder vielleicht auch ertappt, lächelte Winni. „Du hast absolut recht. Ich korrigiere mich. Der weniger Hübsche …" Winni schaute mich zustimmungsheischend an, weshalb ich nickte, „der weniger Hübsche tut sich schwerer, sagen wir mal, sachlich zu überzeugen."

„O. k.", nickte ich.

„Der Hübsche wird eher ausgewählt, erhält eher den Zuschlag zum Gewünschten."

„So ist es. Dabei muss der Hübschere nicht klüger sein."

„Richtig – das sehen wir in der unglücklichen Beziehung. Übertragen auf die Arbeit wird die unglückliche Beziehung zur unzufriedenen Arbeitsleistung. Evolutionär betrachtet zeigt das, dass die Gesellschaft der hübscheren Person den Vorrang gibt. Deshalb versuchen viele Menschen, möglichst attraktiv auszusehen."

„Ja, hübsche Kleidung, ansprechendes Parfüm, tolle Accessoires ..."

„... und tolles Aussehen, Sigi. Ich meine damit, dass die sichtbaren Teile der Haut, zum Beispiel das Gesicht, so gut es geht, gepflegt werden. Cremes, Schminke, Lippenstift, Pulver, Tinkturen, Haarentfernung und so weiter."

„Richtig." Ich musste mich an eine Freundin erinnern, die gefühlte ewig lange Stunden zum Schminken benötigte.

„Der Mensch will nicht nur hübsch aussehen, sondern auch möglichst jung eingeschätzt werden. Du kennst bestimmt viele Geschichten oder Märchen, in denen von ewiger Jugend geschwärmt wird. Der Wunsch ist stark ausgeprägt, schön auszusehen, möglichst ohne Krankheiten oder Verletzungen, sorgenfrei in die Zukunft zu schauen, körperlich beweglich zu bleiben und so weiter. Das hört sich natürlich alles reizvoll an. Wer möchte nicht ohne Kummerfalten und Wehwehchen durchs Leben schreiten?"

„Ich jedenfalls kann auf Wehwehchen und Krankheiten locker verzichten."

„Na gut. Wenn es schon nicht möglich scheint, Krankheiten oder Verletzungen zu vermeiden, so kann der Wunsch nach ewiger Jugend natürlich bestehen bleiben. Auch dann, wenn es klar ist, dass es nicht realistisch ist, ewig jung zu bleiben. Trotzdem scheint es einen Versuch wert zu sein, wenigstens möglichst jung auszusehen. So lange wie möglich, idealerweise bis ins hohe, höhere und höchste Alter."

„Ja, der ewige Jugendwahn", stimmte ich kopfnickend zu.

Kindchenschema – Das Unschuldige

„Interessanterweise finden die meisten Menschen Neugeborene und kleine Kinder sehr ansehnlich, sehr anziehend, ja putzig. Das ist gut so, würden sich Erwachsene in der Gefahrensituation schützend über den jungen Menschen beugen. Die Anziehungskraft des kleinen Kindes liegt unter anderem am sogenannten ‚Kindchenschema'."

„Was ist das?" Ich war neugierig.

„Unter Kindchenschema sind bestimmte Gesichtsmerkmale gemeint, die beim erwachsenen Menschen eine positive Gefühlsreaktion auslösen. Beispielsweise gehören zu den charakteristischen Merkmalen ein relativ großer Kopf mit ausgeprägter Stirnwölbung, ein makelloses rundliches Gesicht mit großen, runden ‚Kulleraugen'. Ergänzt wird das Bild durch eine kleine Nase, ein kleines Kinn und außerdem rundliche Wangen. Diese Merkmale werden in allen Kulturen als attraktiv empfunden."

„Das ist bei Haustieren ähnlich. Kälbchen und Welpen und andere haben auch eher einen kugelförmigen Kopf, der sich beim Älterwerden verändert."

„Ja, die Nase wird länger, die Ohren größer und so weiter. Auch ein erwachsenes Gesicht kann als attraktiv gelten. Wer ein schmales Gesicht zeigt hat Vorteile, speziell dann, wenn das Gesicht wenig Fettansatz zeigt und die Haut leicht gebräunt ist. In unserer Kultur zählen volle Lippen und dunklere Augenbrauen als begehrenswert."

Ich rief mir das Bild der länger werdenden Nase und größer werdenden Ohren vor meine ‚inneren Augen'. Ich musste herzhaft lachen. „Ja, das ist richtig. Blöd, wenn im Alter auch noch Haare aus den Nasenlöchern und den Ohrmuscheln wachsen."

Auch Winni musste bei diesem Gedanken lachen. „Kann ich mir auch gut vorstellen. Na, heute muss ja alles hübsch sauber und schlank sein. Was muss das für eine schöne Zeit gewesen sein, in der das Genie Peter Paul Rubens (1577 – 1640) wohlgeformte, rundliche Frauen malte. Es gab etwas anzufassen."

Ich blickte auffällig und mit leicht ironisch wirkendem Blick auf Winnis körperliche Rundungen.

„Ja, ja, Sigi. Gucke du nur. Ich gehöre auch nicht gerade zu den schlankeren Menschen. Weißt du, da wo ich herkomme, da ..."

„... da sind alle kugelrund. Habe ich recht?"

Schönheitsbild, Schönheitsideal

„Na ja, nicht alle." Winni versuchte abzulenken. „Im Vergleich zu Rubens' Zeit haben viele heutzutage einen deutlich anderen Zeitgeschmack. Je schlanker, desto attraktiver. Es scheint fast paradox zu sein: Auf der einen Seite gibt es eine stetig wachsende Zahl übergewichtiger Menschen. Ideal erscheint uns aber der deutlich schlankere Mensch. Na, wer weiß, vielleicht gerade deswegen."

„Ist es nicht auch so, dass Schönheitsbilder in anderen Kulturen verschieden sein können?"

„Na klar. Was bei uns als schön gilt, wird woanders als häss..., also ich meine als weniger schön. Richten wir die Aufmerksamkeit in unsere Kultur. Es ist nachvollziehbar, dass nicht jeder den gängigen Schönheitsbildern entsprechen kann; wäre vielleicht auch langweilig. Lass mich einen Begriff einwerfen: Das Wort Lookism steht für die systematische Diskriminierung von Menschen, die nicht den aktuellen, vorherrschenden Schönheitsnormen entsprechen. Das ist nicht mehr schön – ich meine nicht mehr gut. Das, was die Gesellschaft gerade als Schönheitsideal ansieht, gilt als begehrenswert. Also fühlen sich viele moralisch gezwungen, ihr Äußeres diesem Schönheitsideal anzupassen. Hier greift auch der Begriff Körperkult.“

Winni holte tief Luft. „Hunderte, Tausende, ja vielleicht Hunderttausende in unserem Kulturkreis sind unzufrieden mit ihrer Figur. Manche sind extrem unzufrieden. Dabei helfen die Medien mit, die in Werbung oder Serien das Abbild eines Menschen zeigen, den es überwiegend im Ausnahmefall geben mag.

Das bewirkt, dass sich viele Menschen wünschen, genauso auszusehen wie die Personen in der Werbung. Sie wechseln von Diät zu Diät, riskieren dabei, auf den sogenannten Jo-Jo-Effekt hereinzufallen. Je intensiver sie an sich arbeiten, desto höher kann die Unzufriedenheit steigen.

Wer es nicht schafft, durch veränderte Lebensform, angepasste Ernährung und sportliche Betätigung sein körperliches Aussehen zu verändern, lässt unter Umständen die Frage zu, ob nicht eine Absaugpumpe oder ein Messer helfen könnte. Bekanntlich gibt es genügend Beispiele, die zeigen, dass der Besuch beim Schönheitschirurgen oft den gewünschten Effekt erzielen kann. Hin und wieder geht der Eingriff allerdings auch schief – dann ist die Enttäuschung sehr groß, der Frust noch größer.“

Erschöpft lehnte sich Winni zurück. Er hatte sich so verausgabt, dass er erst mal tief Luft holen musste.

Ich gewährte ihm einen Moment der Ruhe, bevor ich fortfuhr. „Wie schön wäre es, würde tatsächlich jeder dazu beitragen, jede Person, egal wie sie aussieht, gleichermaßen zu behandeln, beziehungsweise ihr möglichst unvoreingenommen zu begegnen. Wie ich vorhin schon sagte: Auf die inneren Werte kommt es an!"

Notwendige ‚Wiederherstellung‘

„Das gefällt mir Sigi, das, was du gerade sagtest. Das ist ein schönes Fazit zu unseren Überlegungen. Trotzdem will ich dir noch eine provozierende Frage stellen. Alle Überlegungen haben wir unter dem Aspekt durchdacht, dass jemand unzufrieden ist mit seinem Aussehen. Was machen wir mit jemandem, der nach schlimmen Verletzungen, zum Beispiel durch einen Unfall verunstaltet wurde? Er benötigt gegebenenfalls wirklich ärztliche Hilfe, um wiederhergestellt zu werden. Eine Behandlung der Haut oder der Gesichtsgestaltung ist manchmal notwendig, ja vielleicht sogar lebenswichtig. Wie ist hier mit den Gedanken des Schönheitsideals umzugehen?

Ich musste schlucken. „Ja, was soll ich dazu sagen?", fragte ich unsicher, eher an mich selbst, als an Winni gerichtet.

Winni schnippte mit den Fingern. „Guck mal. Ich habe 2020 gelesen, dass sich in Deutschland weit über 920.000 Menschen einer Schönheitsoperation, davon etwa ein Drittel mit chirurgischem Eingriff, unterzogen. Nicht schlecht, oder?" [1]

„Das ist ja unglaublich!"

---

[1] Quelle: aerzteblatt.de laut ‚Die internationale Vereinigung der Ästhetisch-Plastischen Chirurgen (ISAPS)‘, 2020

„Weltweit sollen es, je nach Quelle, sogar mehr als 20.000.000 Menschen sein."

„Unsere Überlegungen scheinen enorm viele Menschen zu betreffen. Hier entsteht ein riesengroßer Markt mit fast unendlich großem Umsatz."

„So sieht es aus, Sigi. Weshalb das alles?"

„Um hübsch zu sein oder zumindest zu wirken."

„Ja. Schönheit bringt Erfolg, mehr Schönheit bringt mehr Erfolg. So entsteht ein gnadenloser Wettbewerb, schöner als die anderen zu sein. In der Tierwelt zählt Schönheit auch. Gibt es dort auch Schönheitsoperationen? Noch etwas: Lösen die digitalen Plattformen nicht noch zusätzlich Druck auf Einzelne zusätzlich aus?"

„Ich fürchte ja. Das kenne ich. Ich höre Freunde sagen: ‚Oh, sieht die ‚heiß' aus, oh, entschuldige bitte", stammelte ich. „Das war nicht sehr nett, diese Wortwahl."

Winni lächelte gnädig. „Nehmen wir die Aussage als Zitat. Klingt nicht nett, entspricht allerdings der Wahrheit. Kein Wunder, dass jede und jeder hübscher wirken möchte. ‚Ich will ansprechend(er) wirken, als die/der andere!'"

„Da fällt mir etwas ein", merkte ich auf.

„Ja, Sigi, nämlich?", fragte Winni.

„Es gibt digitale Foren, die Bilder von Menschen, die als ‚weniger hübsch' gelten, mit einer Handbewegung wegwischen."

„Hoffentlich nur vom Display, nicht aber vom Leben."

2. Selbstbild und Wirklichkeit der sozialen Medien

So hatte ich es noch nicht betrachtet. Wohl wahr, dass sich mit einer Wischbewegung jemand vom Display wischen lässt. Die Hübscheren erhalten eine positive Rückmeldung. Die anderen fallen nach hinten ab. Es entsteht eine Schönheitshierarchie. Der Hübsche rückt in der Darstellung immer weiter nach oben, der weniger Hübsche nach unten.

„Wenn ich mich mal hier einbringen darf", brachte sich Winni wieder ins Gespräch. „Wie mag sich der weniger Hübsche fühlen, erkennt er, dass er in solch einer Darstellung immer weiter nach unten rutscht? Würde sich ein Betrachter die Mühe machen, bei einer Auflistung der Schönen, bis nach unten zu scrollen? Nein! Die unten Gelisteten werden immer weniger wahrgenommen. Sie verschwinden sozusagen aus dem Blickfeld."

Versonnen stimmte ich zu. „Das stimmt. Das ist zwar nicht schön, entspricht aber der Realität."

„Verschwindet aus der Realität. Du sagst es, Sigi. Im tatsächlichen Leben auch. Es folgen weniger ‚Klicks', weniger Kommentare, weniger Kontakte."

„Weniger Freunde", ergänzte ich. „Vielleicht auch weniger Glücks-Momente", griff ich unser Glücksthema von vor wenigen Tagen auf.

Winni fuhr fort. „Durch die Digitalisierung ist der direkte Vergleich viel leichter und schneller möglich, als im ‚realen' Leben."

„Die Frage ist nur, ob das digitale Bild der Wirklichkeit entspricht."

„Gute Überlegung", lobte Winni. „Da es problemlos möglich ist, sich dank hervorragender Bildprogramme ,aufzuhübschen', gehe ich davon aus, dass das übermittelte, angebliche Selbstbild, nicht zwangsläufig mit der Realität übereinstimmt."

„Da fällt mir eine Bekannte ein. Das muss ich dir erzählen. Jedes Foto, sei es ein Selfie oder ein Gruppenfoto, lädt sie sofort in ein Bildbearbeitungsprogramm, um eine Art Leberfleck zu retuschieren. Je-des Fo-to!", rief ich aus, wobei ich jede Silbe betonte. „Ha!", beendete ich meine Ausführung. „Unglaublich – kein echtes Bild!"

„Gut, gut, Sigi, nun kriege dich mal wieder ein", beruhigte mich Winni. Trotzdem war auch eher amüsiert. „Nehmen wir an, viele Menschen verhielten sich ähnlich – wie viele Bilder wären echt?"

„Na ja, eher die Minderheit."

„Also machen wir uns was vor?"

„Wenn wir es so betrachten, bleibt mir nur, zuzustimmen."

„Welche Überraschung mag es im Einzelfall geben, sollten sich zwei Personen treffen, die sich bisher nur von ihren aufgehübschten Bildern her kennen."

„Oh", meinte ich. „Die Realität kann hart sein." Wir lachten beide.

„Erinnerst du dich, Sigi, dass wir vor langer Zeit über die Selbst- und Fremdeinschätzung gesprochen haben?"

„Oh ja, natürlich erinnere ich mich daran. Wie ich mich selbst beziehungsweise meine Charaktereigenschaften einschätze und wie andere mich sehen – genauer ausgedrückt: einschätzen."

„Richtig. Bei Deckungsgleichheit der Selbst- und Fremdeinschätzung ist alles erst einmal wunderbar. Liegen deutliche Differenzen vor, könnte es sich um Fehleinschätzungen handeln oder tatsächlich um ein unterschiedliches Selbst- und Fremdbild."

„Sehen mich andere anders, beispielsweise arroganter, als ich mich selbst empfinde, kann das Nachteile für mich bringen."

„Ja", nickte Winni, „weshalb bei solch einer Differenz überlegt werden sollte, weshalb ich arroganter wirke."

„Ich arbeite dann an mir, ich reflektiere, ich beobachte mein Verhalten – oder suche mir einen Coach, um mein Auftreten zu optimieren."

Kritische Selbstbetrachtung?

„Richtig. Optimieren. So, dass andere mich – aus meiner Sicht – besser einschätzen. Lass uns dieses Vorgehen übertragen auf die Selbst- und Fremdwahrnehmung. Wie sehe ich mich selbst – im Sinne des ästhetisch hübschen Erscheinungsbildes – wie sehen mich andere?"

„Kann es nicht auch sein, dass sich jemand selbst viel ‚unhübscher' einschätzt, als er oder sie tatsächlich ist?"

„Ich gehe davon aus, dass es so ist", stimmte Winni zu. „Viele Menschen sehen ‚Fehler' an sich, die andere gar nicht wahrnehmen. Eine kleine Unreinheit hier, ein Pickelchen dort – ja und? Ein anderer wird hoffentlich einen Fremden als Ganzes wahrnehmen, bevor er nach kleinen Unreinheiten sucht."

„Das bedeutet, dass viele Stunden mehr oder weniger umsonst damit verbracht werden, scheinbare Fehlerchen zu übertünchen."

„Ja, die Zeit, die Energie und schließlich das Geld, die zu kleinen Schönheitskorrekturen eingesetzt werden, summieren sich ins Extreme."

„Das sollten einige tatsächlich mal berücksichtigen."

„Durch den verstärkten Einsatz von Telearbeit wie Telemeetings und Telechats wird das Gesicht des Gesprächspartners viel näher gezoomt, als es in der Realität wäre – zumindest meistens – als beim direkten Gespräch. Plötzlich ist jede Pore der Haut in übergroßer Deutlichkeit zu erkennen."

„Wie schrecklich das für denjenigen sein muss, der körperlich makellos erscheinen will."

„Ja, das Videobild bringt sozusagen die Wahrheit auf den Monitor."

„Wie soll ich vorgehen?"

„Vielleicht einfach so sein, wie du bist? Zeige die Wahrheit und überzeuge durch deinen Charakter."

„Na gut. Mache ich sowieso."

Winni zauberte eine Tabelle kraft eines ordentlichen Schwungs seines Schwanzes in die Luft. Die Tabelle baute sich langsam auf. Zuerst einmal waren nur zwei Spalten zu sehen. Über der ersten stand: ‚Was gefällt mir an mir?'. Die zweite Spalte war übertitelt mit: ‚Was gefällt mir nicht an mir?'.

„Gemeint sind körperliche Punkte, wie beispielsweise unreine Haut oder etwas in dieser Art", erklärte Winni. Setze dich bitte hin und fülle die beiden Spalten aus, Sigi. Ich gebe dir einige Minuten. Winni verschwand.

Was mir an mir gefällt	Was mir an mir nicht gefällt

(Liebe Leserin, lieber Leser, wenn Sie möchten, nehmen Sie einen Zettel übertragen diese Tabelle und füllen sie aus. Gehen Sie gerne gewissenhaft vor. Danach bitte weiterlesen.)

Zu meiner großen Überraschung habe ich doch einige Punkte gefunden, die sich nun auf meiner Liste wiederfanden. War ich doch nicht so makellos, wie ich dachte?

Aktiv werden

Winni erschien, warf einen kurzen Blick auf die Liste. „Ich freue mich, dass du einige Punkte zu deinem Aussehen in die linke Spalte geschrieben hast. Wäre schade, hättest du hier nur wenig finden können. Ich sehe aber auch, dass du einige Punkte in die rechte Spalte geschrieben hast. Das ist nachvollziehbar, ist doch kein Mensch ‚perfekt'. Beispielsweise sind beim Rechtshänder die Muskeln in der rechten Hand oder dem rechten Arm mehr trainiert, wodurch der Umfang am rechten Handgelenk oder Arm größer wird als am linken. Das eine Bein mag ein paar Millimeter länger sein als das andere. Und so weiter. Betrachten wir das als menschlich, als naturgegeben. Schließlich kommen die Punkte, die mancher bemängelt: Größe oder Form der Nase, Augenlider und, und, und. Da in der rechten Spalte nun einige Punkte markiert sind, die du als weniger schön betrachtest, stellt sich die Frage, wie hiermit umgegangen wird. Tatsächlich gibt es zwei vernünftige Möglichkeiten: Erstens, so nehmen und akzeptieren wie es ist. Schließlich bist du ein Individuum und dein Aussehen gehört zu dir. Kannst du dich mit deinem Aussehen so anfreunden, so akzeptieren wie es ist, dann solltest du keine weiteren Bedenken haben oder Gedanken wälzen müssen, wie es ‚schöner' aussehen könnte."

„Wie sieht die zweite Variante aus?"

„Hier kann es schon herausfordernder werden. Bist du mit einem Zustand nicht zufrieden, wird er dich möglicherweise ein Leben lang quälen. Das wird dir nicht gefallen. Also muss der Zustand verändert, genauer gesagt optimiert werden. Nimm erneut deine Tabelle und schreibe bei den unzufriedenen Punkten in eine neue Zeile daneben, was du tun kannst, um die Unzufriedenheit abzustellen. Bedarf es einer Operation, eines anderen Kleidungsstils, eines besonderen Make-ups oder anderes? Bitte lege los."

Die vorhandene Tabelle ergänzte sich durch eine neue Spalte.

... gefällt	... nicht gefällt	Was muss ich tun?

Ich dachte nach. Ich musste mich jetzt nur noch auf die Spalte konzentrieren ‚Was mir an mir nicht gefällt'. Hier hatte ich einige Dinge aufgeschrieben. ‚Was muss ich tun?'

Beispielsweise hatte ich einen kleinen Leberfleck hinten am Kiefer. Der störte mich. Ich konnte ihn nur sehen, wenn ich mein Gesicht im Spiegel entsprechend drehte. Er war auch gar nicht sooo groß. Trotzdem war er mir unangenehm. Weswegen? Das konnte ich gar nicht so genau beantworten. Sollte ich ihn wegoperieren lassen? Dann müsste ich das in die Spalte ‚Was muss ich tun?' eintragen.

Aber deswegen eine Operation? Das erschien mir dann doch zu viel. ‚Eigentlich' war der Leberfleck vielleicht doch gar nicht so schlimm. Zumindest hatte ihn bisher auch niemand bemängelt. War ich hier vielleicht zu pingelig? Ach egal – blöder Leberfleck. Der kann mir gestohlen bleiben! Ich strich ihn aus der mittleren Spalte heraus.

Dann musste ich diesbezüglich nichts machen. Nun befasste ich mich mit den anderen Kriterien, die ich bemängelt hatte.

(Liebe Leserin, lieber Leser, ergänzen Sie bitte die rechte Spalte: Was muss ich tun?)

Ich bemerkte gar nicht, wie viel Zeit inzwischen vergangen war, bis Winni auftauchte.

„Hi", begrüßte ich ihn matt.

„Hi", grüßte er, mit einer Hand winkend, zurück. „Na, wie schaut es aus?"

„Hier ist die Liste, Winni. Tatsächlich habe ich einige Punkte aus der Spalte des Missfallens wieder gestrichen. Beispielsweise diesen blöden Leberfleck hier am Kiefer. Er interessiert mich jetzt nicht mehr."

„Der Leberfleck ist doch ein schönes Zeichen, Sigi. Weißt du nicht, dass der Aberglaube behauptet, dass ein Leberfleck für das fröhliche Leben der Mutter steht? Wer mit vielen Leberflecken gesegnet ist, müsste nach diesem Aberglauben eine lebensfrohe Mutter haben oder gehabt haben."

Ich war erstaunt. „Nein, Winni, das wusste ich nicht. Das ist doch wunderbar. So hatte ich das noch nie gesehen. Jetzt gefällt mir mein Leberfleck auch besser. Gut, dass ich ihn nicht wegoperieren lassen will."

„Ich sehe, dass du nur noch ein Kriterium notiert hast. Was ist das denn?"

„Das betrifft meine Sehkraft. Ich fürchte, ich brauche eine Brille. Die mag ich aber nicht. Also müssen durch eine Operation künstliche Linsen eingesetzt werden."

„Das kannst du entscheiden, wie du möchtest. Bitte berücksichtige, dass der Punkt der Sehkraft nicht zwangsläufig zu unseren Kriterien der optischen Auffälligkeiten gehört. Lassen wir diesen Punkt trotzdem gelten, da du ja gegebenenfalls eine Brille tragen solltest. Ja, tatsächlich ist es dann deine Überlegung, ob du Kontaktlinsen wählst, lieber eine Brille trägst oder gar zu einer Augenoperation greifst. Bedenke bitte weiter, dass du, sobald du eine Entscheidung getroffen hast, auch aktiv werden solltest. Es bringt sehr wahrscheinlich nichts mehr, die mögliche Änderung auf die lange Bank zu schieben. Solange du nicht wie oben beschrieben eine Situation für dich als ‚in Ordnung und zu dir gehörend' akzeptierst, solltest du tatsächlich aktiv werden. Wenn du willst, besprich das vorher mit deinen Freunden oder deiner Familie. Möglicherweise gibt es noch eine Option. Solltest du dich für einen Eingriff entscheiden, überprüfe mögliche Nachteile. Überwiegen die Vorteile, solltest du loslegen. Im Idealfalle hast du dann dein Aussehen/deine Sehkraft optimiert."

„Ui, das ist nicht ganz einfach, alles. Ich werde mir ernsthaft überlegen, wie ich vorgehen soll. Ich nehme mir drei Tage Zeit, um eine Entscheidung zu treffen. Das ist doch in Ordnung, oder?"

„Selbstverständlich. Gerade bei einem komplizierteren oder größeren Eingriff sollten mögliche Einwände sehr wohl überlegt werden. Mancher Eingriff lässt sich nicht mehr rückgängig machen. Ich wünsche dir jedenfalls einen guten Erfolg. Abgesehen davon, wenn ich das mal so sagen darf, finde ich dich ästhetisch ansprechend, so wie du aussiehst."

„Oh danke, Winni", ich wusste gar nicht, was ich sagen sollte.

„Wir haben von innerer Schönheit gesprochen. Jemand der glücklich ist, der sein Leben genießt, der viel lachen kann, entwickelt eine positive Einstellung zum Leben. Diese Einstellung wird nach außen sichtbar. Möglicherweise lässt sich sogar an den Gesichtszügen ablesen, dass jemand eine positive Lebenseinstellung hat. Diese Menschen haben eine motivierende und anziehende Ausstrahlung. Sie wirken schön."

„Ich kann mir gut vorstellen, dass jemand, der unzufrieden mit seinem Leben ist, immer alles kritisiert und muffelig durch den Tag geht, eine ganz andere Ausstrahlung abgibt. Es wäre gut denkbar, dass andere lieber eine Distanz zu solch einer Person bevorzugen."

„Dem stimme ich zu. Durch die entsprechende Einstellung zum Leben strahlt die Stimmung sozusagen nach außen ab. Diese Menschen haben einen großen Vorteil. Die unsichtbare und ungreifbare Aura, die sie ausstrahlen, überzeugt sofort. Andere gehen positiv auf sie zu und verstärken damit das Selbstbewusstsein der betreffenden Person. Sie wird noch glücklicher und noch attraktiver in ihrer Ausstrahlung. So soll es sein!"

Winni ließ es sich nicht nehmen, mit einem pfeifenden Geräusch und einen spiralförmigen Wegzischen ins Nirwana zu verschwinden. Offensichtlich dorthin, wo er herkommt ...

3. Wettkampf mit sich selbst und Wettkampf gegen die anderen

Ich hatte einige Tage Zeit, mir den Austausch mit Winni durch den Kopf gehen zu lassen.

Gerade war ich dabei, mich sportlich zu betätigen, um meinen Körper fit zu halten. Sit ups strengten wirklich an. Ich hatte mir zum Ziel gesetzt, jede Woche mindestens einen Satz mehr zu erzielen als vorher. Das motivierte mich.

Ich bemerkte, wie Winni an meinem Fußende langsam ins Blickfeld rückte.

„Hallo Sigi," begrüßt er mich, während ich weiterhin meine Übungen fortführte. „Trainierst du für deine Fitness?"

„So ist es", presste ich zwischen den Lippen hervor.

„Bist du besser als letzte Woche?"

„Ja", stöhnte ich.

„Aha", meinte Winni, während er nachdenklich aus meinem Blickfeld verschwand. Ich hörte ihn murmeln: „Sigi ist im Wettkampf mit sich."

Mit aller Selbstdisziplin führte ich meine Übungen bis zum Ende durch. Danach stand ich auf, um mich gleich wieder in einen Sessel sinken zu lassen. „Puh, das war anstrengend."

Winni hatte sich gegenüber gemütlich gemacht. Er legte ein Buch zur Seite, in welchem er geblättert hatte. Er blickte mich an: „Wettkampf beendet?"

Gequält lächelte ich. „Ja, Ziel erreicht."

„Warst du im Wettkampf mit dir oder gegen dich?"

Jetzt musste ich doch lächeln. Ich nahm ein Glas kühles Wasser in die Hand, um daran zu tippen. „Wettkampf mit oder gegen mich?", sinnierte ich. „Gute Frage. Da ich alleine bin, ist es ein Wettkampf mit mir. Andererseits …", Ich musste einen Moment nachdenken, "… kämpfe ich auch gegen mich. Schließlich will ich besser werden als in der Vergangenheit." Ich setzte mich aufrecht hin, bevor ich meine Stellungnahme abgab. „Winni, ich bin zu folgendem Schluss gekommen: Ich kämpfe mit mir und gegen mich."

„Aha."

„Da bist du sprachlos, gell?" Ich konnte mir ein Grinsen nicht verkneifen.

Winni blieb stumm.

„Oder was meinst du?", fragte ich ihn direkt.

„Sigi, ich bin derselben Meinung wie du. Mit und gegen, beides stimmt. Weshalb der Wettkampf mit/gegen sich selbst?"

„Na, um fitter, um besser zu werden."

4. Überlebens-Wettkampf

„So lässt es sich sagen. Um besser zu werden. Offensichtlich liegt es in der Natur des Menschen, sein Dasein zu optimieren. Besser zu werden als andere, um bessere Chancen auf dem Heiratsmarkt zu haben – wir haben kürzlich darüber gesprochen – Nachfahren zu zeugen, um seine ‚Linie' zu erhalten."

„Ein Mensch muss auch stärker werden, um seine Familie zu schützen, sollte eine Gefahrensituation entstehen."

„Sigi, du bringst mich immer wieder in Situationen, in denen ich mich – positiv – über dich wundern darf. Du hast absolut recht. Bei unseren Vor-Vorfahren, die in Kleingruppen lebten, war das besonders wichtig. Bei auftretender Gefahr ging es unter Umständen wirklich um Leib und Leben. Wie schnell konnte eine Gruppe ‚ausgerottet' werden, weil sie nicht stark genug, sich zu verteidigen."

„Und ...", ich hob den Zeigefinger, „sie brauchten einen starken Anführer. Einen, der mental und körperlich stark genug war die Gruppe zu leiten."

„Ja, Sigi. Fiel der Anführer aus, musste sofort ein Nachfolger dessen Rolle übernehmen. Gab es zwei geeignete Kandidaten, mussten sie zwangsläufig in einen Wettstreit gegeneinander treten."

„Das ging bestimmt nicht immer ohne blaue Flecken aus, denke ich."

Winni nickte. „Ein weiterer Aspekt des Stärker-Werdens ist der Schutz gegen Krankheiten. Wer kränklich ist, kann nicht genügend Abwehrkräfte aufbauen. Der Gesunde, der Beste, hat bessere Chancen zu überleben."

„Lass mich mal versuchen, eine Erkenntnis zu formulieren", schlug ich vor. „Wettkämpfe unterschiedlicher Art begleiten das Leben von Anfang bis Ende. Wir, als Menschen, müssen uns diesen Wettkämpfen stellen, um als Gesellschaft zu überlegen."

„Ich bin beeindruckt, Sigi", strahlte mich Winni an. „Das eigene Leben wird durch dieses Verhalten optimiert. Nun fehlt nur noch die Überlegung zu: Wettkampf gegen andere – im Sinne attraktiverer Lebensgestaltung."

„Meinst du gegen oder mit anderen?", wendete ich ein.

„Das ist eine gute Frage, Sigi. Ich meine ‚mit' bedeutet einen Wettkampf zusammen mit jemand gegen einen Dritten. ‚Gegen' bedeutet in diesem Zusammenhang, dass einer gegen einen anderen oder gegen mehrere andere im Sinne des Wettkampfes antritt.

„Ja Winni, das leuchtet mir ein."

Wettkampf von Geburt an

„Das beginnt schon in der Schule mit den Noten. Je älter ein Schüler wird, desto deutlicher wird ihm klar, dass er mit einem guten Notendurchschnitt eine gewünschte Arbeitsstelle finden kann. Dasselbe haben wir an der Universität. Diejenigen, die es schaffen, einen guten Abschluss zu erzielen, haben einen leichteren Zugang auf einen gewünschten Arbeitsplatz in einem Unternehmen, das sie vorziehen."

„Unser Notensystem in den Schulen und Universitäten trägt dazu bei, Vergleiche ziehen zu können. Die Wertungen sind in der Regel in Zahlen angegeben, sodass sie landesweit, vielleicht sogar international, verglichen werden können."

„Somit entsteht der Wettstreit schon ziemlich früh im Leben. Schon dann, wenn der junge Mensch sich noch gar nicht bewusstwird, welche Konsequenzen eine gute oder weniger gute Wertung haben wird."

„Was geschieht nach der Ausbildung?"

„Ach, Sigi, es geht überall weiter. Schau dir doch nur die Werbetreibenden an. Wie viel Energie und Geld wird in überzeugende Werbemaßnahmen gesteckt? Der Kunde soll zum Unternehmen wechseln oder Bedarf auf ein Produkt oder eine Leistung soll geweckt werden. Bieten Mitbewerber vergleichbare Produkte an, treten sie zwangsläufig in einen Wettbewerb gegeneinander. Jeder möchte so viele Kunden gewinnen wie möglich."

„Das ist gut für den Kunden, da die Preise sinken."

„Aus dieser Perspektive lässt sich das auch betrachten. Derjenige, der ein Produkt günstiger einkaufen kann als ein anderer, erzielt einen finanziellen Vorteil. Mit dem ‚gewonnenen' Geld kann er sich anderes leisten, im Idealfall besser leben. Er optimiert somit sozusagen nebenbei sein Leben."

„Wobei ungeklärt ist, was er mit dem – wie du es ausdrückst – gewonnen Geld anfängt."

„Absolut richtig, Sigi. Aber lass uns den Gedanken weiterspinnen. Nehmen wir an, einer würde durch dieses Vorgehen am Tag 1 Euro weniger ausgeben als ein anderer, blieben ihm am Ende des Jahres 365 Euro übrig. Auf 10 Jahre gerechnet sind wir schon bei 3.650 Euro. Es ist mir schon klar, dass hier eine Art Milchmädchenrechnung vorliegt. Deshalb soll diese Rechnung auch nur als Denkbeispiel gelten.

Was ließe sich mit diesem Geld machen? Da gibt es schon verschiedene Alternativen, um sich das Leben etwas schöner zu gestalten oder wie wir sagen – zu optimieren."

„Sagen wir mal so: Der Betreffende kann sich beispielsweise gesünder ernähren. Unter Umständen kann er damit sein Leben minimal verlängern. Das würde ich schon als Gewinn bezeichnen."

„Einverstanden. Lass uns mal die bisherigen Überlegungen kombinieren. Jemand hat gute Voraussetzungen, einen guten Job zu erhalten und gesünder leben zu können. Er kann sich mehr Wissen aneignen. Der englische Philosoph Francis Bacon (1561 – 1626) meinte: ‚Wissen ist Macht'. Durch mehr Wissen kann der Mensch erfolgreicher werden, was sein Ansehen, sein Status, sein Image erhöht. Dadurch gewinnt er eine gewisse Form von Macht."

„Ah, ich glaube zu wissen, was du meinst. Geld regiert die Welt. Oder?"

5. Einfluss, Macht, Status

„Auch dieser Gedanke fließt in dieselbe Richtung. Mehr Geld erzeugt die Möglichkeit, mehr Einfluss auszuüben. Damit wird ein Einzelner stärker, stärker als andere. Der Wettkampf mit anderen fällt zu seinen Gunsten aus."

„Streben nicht die meisten Menschen danach, mehr Einfluss zu gewinnen?"

„Ich fürchte, da ist was dran, an deiner Frage. Damit ein Individuum überleben kann, damit es seine Art erhalten kann, scheint es lügen, tricksen, manipulieren zu müssen. Es muss sich immer wieder besser darstellen als die Wettbewerber, die Mitbewerber. Es kommt in eine Situation, dass es sich genauso verhalten muss, ob es will oder nicht. Schließlich geht es um das Fortkommen im Leben.

Als Erwachsener kann das Individuum alle möglichen Tricks anwenden, um im sozialen Umfeld bestehen, besser bestehen und besser überleben zu können. Fast jeder wird dafür sorgen, seinen Lebenslauf zu optimieren, aus genannten Gründen. Manche mögen mit diesem Status zufrieden sein. Andere streben immer weiter nach Höherem."

„Richtig. Wer mal an der Macht ‚geleckt hat', kann nicht mehr loslassen."

„Ja, es gibt viele Beispiele von sehr mächtig gewordenen Menschen, die diese Erkenntnis bestätigen. Die Ausübung von Macht, das Erlangen von Status und Kraft im Leben scheint immer wichtiger zu werden und tritt in den Vordergrund allen Handelns. Allerdings müssen einige Vorgehensweisen als fraglich betrachtet werden. Oder sie rücken sogar im Ansatz in die Illegalität."

„Spätestens dann, wenn jemand das geltende Recht in seinem Sinne beugt."

„Sobald einer in der Illegalität angelangt ist, stehen Korruption, Hinterziehungen, Bedrohungen, vielleicht sogar Gewaltausübung bis zur bewussten Schädigung oder Verletzungen anderer Menschen recht nahe."

„Ich kann ja verstehen, dass das Individuum überleben will und seinen Nachfahren die besten Möglichkeiten bieten will, damit diese sich weiterentwickeln können. Ich kann auch nachvollziehen, dass es sich deswegen durchsetzen muss, was Raffinesse, Energie und manchmal ausreichend Geld bedarf. Was ich überhaupt nicht gut finde, wird die erhaltene Macht gnadenlos geschützt und rigoros ausgebaut. Besonders dann, sobald die Grenze vom Legitimen zum Illegitimen überschritten wird."

„Deshalb lass uns festhalten, dass ein ‚Rausch' nach Macht schnell auf den falschen Weg führt. Das Streben nach Vorteilen scheint mir sinnvoller zu sein, immer unter der Voraussetzung, dass kein anderer bewusst geschädigt wird. Das ist der Bereich, in dem wir uns gedanklich bewegen. Das eigene Leben insofern optimieren, dass es mir angenehmer als bisher wird."

„Ich will dazu ergänzen oder noch mal betonen, dass die Optimierung nicht zulasten Dritter ausfallen soll. Es gibt genügend andere Möglichkeiten, sein Leben wertvoller zu gestalten – und zwar auf legalem Weg."

Wettbewerbs-Vorteil

„Dann lass uns Nägel mit Köpfen machen, Sigi. Überlege dir doch bitte einmal, wo du – im Hinterkopf den Wettbewerb behaltend – besser werden könntest. Was müsstest du tun, um dein Leben in dieser Richtung zu optimieren?" Winni schaute mich so intensiv an, als wollte er mich manipulieren.

„Lass mich kurz nachdenken. Aber da fällt mir schon etwas ein. Zum Beispiel müsste ich gut informiert sein, sei es wirtschaftlich, gesellschaftlich, politisch *oder* kulturell. Welche Trends und Tendenzen sind zu erkennen? Das würde mir helfen, in Gesprächen gut argumentieren zu können, eventuell ein paar Aktien eines wachsenden Unternehmens zu erstehen, die richtige Entscheidung bei der nächsten Wahl zu treffen." Ich legte eine kurze Pause ein. „Stimmen meine Überlegungen?"

„Diese Richtung gefällt mir. Ich schlage vor, dass du dir in einer Liste einiges diesbezüglich aufschreibst. Beispielsweise sagtest du, dich wirtschaftlich zu informieren. Die offene Frage ist allerdings, wie du das machen willst."

Ich musste nur kurz nachdenken. „Das ist ganz einfach. Es gibt sehr gute Wirtschaftsteile in Zeitungen, die ich mir wöchentlich anschauen könnte. Im Internet gibt es vielartige Informationen zur Entwicklung an der Börse und so weiter."

„O. k., Sigi. Hier eine Liste." So, wie es für Winni üblich war, erschien eine Liste wie aus dem Nichts.

Gleich machte ich mich über sie her, um Eintragungen vorzunehmen. Dabei achtete ich darauf, dass die Formulierung so sein soll, dass ich selbst auch im vorgesehenen Zeitraum aktiv werden kann.

Wie erziele ich einen Wettbe-werbs-Vorteil?	Was tue ich aktiv, um diesen Vorteil zu erzielen?

(Liebe Leserin, lieber Leser, auch hier haben Sie die Möglichkeit, eine eigene Tabelle zu erstellen und auszufüllen. Die Liste muss nicht sofort proppenvoll sein. Nehmen Sie sich am besten nur so viel vor, wie Sie auch tatsächlich umsetzen können und wollen. Unabhängig davon steht es Ihnen frei, die Liste später beliebig zu ergänzen. Wenn Sie möchten, könnten Sie eine dritte Spalte ergänzen. In dieser könnten Sie vermerken, ob Sie tatsächlich auch aktiv wurden. Bei vielen ‚Jas' könnte auf diese Art eine zusätzliche Motivation des Weitermachens erfolgen.)

Teil 3
Authentischer

Wunsch nach Unerreichbarem?

„Ich will ich sein"

Feinde der Menschheit, die da sind: Rohheit und Lüge!
Bertha Sophia Felicita Freifrau von Suttner, österr. *Schriftstellerin*
(1843 - 1914)

1. Streben nach Perfektion

Es lag schon einige Tage zurück, seit mich Winni das letzte Mal besuchte. Ich hatte mir noch lange Gedanken über das Thema ‚Wettbewerb' gemacht.

Locker konnte ich nachvollziehen, dass durch Wettbewerb auf verschiedenen Ebenen Vorteile erzielt werden konnten, um mein Leben attraktiver zu gestalten und damit zu optimieren.

‚Immer höher, immer weiter', kam mir wieder ins Ohr. Das ständige Streben nach Besserem, nach Höherem. Inwieweit war dieser Wunsch, dieses Streben, überhaupt noch realistisch? Verbog ich mich nicht dabei, immer besser zu werden?

Ich strich mir eine Haarlocke aus dem Gesicht. Puff – als hätte ich es geahnt, tauchte Winni neben mir auf. In der Hand hielt er einen Riesen-Keks. Es schien ihm gut zu gehen.

„Halli, hallo", begrüßte er mich strahlend, während er in seinen Keks biss. „Alles klar?"

„Schön, dich wiederzusehen. Alles klar – und bei dir?"

„Oh, lecker – ja, alles klar. Komme zufällig vorbei. Sitzt deine Locke perfekt?"

Musste ich mich wundern, weil ich mich über die unerwartete Frage wunderte? „Winni, Locke? Was meinst du?"

„Du hast dir doch soeben eine Haarlocke aus dem Gesicht gestrichen."

„Tatsächlich? Kann sein. Fiel mir gar nicht auf."

„Da kannst du sehen, wie viel ein Mensch macht, um schöner auszusehen."

„Wenn es dich zufriedenstellt Winni: Ich will ein freies Gesichtsfeld haben, weswegen eine runterhängende Locke stört."

„Also soll die Frisur perfekt sitzen?"

„Von mir aus."

„Ja oder nein?"

„Bei dieser Alternative natürlich ja."

„Eben. Die Haare sollen perfekt sitzen. Dann sind bestimmt auch die Zähne geputzt, wie jeden Tag?"

„Na klar, wie jeden Morgen. Wurden perfekt gereinigt."

„Wunderschön", Winni klatschte in die Hände. „Das ist ja perfekt!"

„Worauf willst du überhaupt hinaus, Winni? Du erscheinst nicht von ungefähr gerade jetzt."

„Sehr pfiffig gedacht, Sigi." Winni hatte seinen Keks inzwischen verzehrt. „Ich möchte heute gerne mit dir über das Streben nach Perfektion sprechen."

„Streben nach Perfektion", wiederholte ich. „Ja, da ist was dran."

„Da ist was dran", echote Winni. „Perfekte Frisur, perfekte Zahnreinigung ..."

„Perfektes Leben. Richtig?"

„Im Idealfall ja", nickte Winni zustimmend. „Eins nach dem anderen. Verläuft das Leben perfekt?"

„Nun ja, nein. Nein, perfekt will ich nicht behaupten. Es gibt immer wieder Situationen, die optimiert werden könnten."

„Würdest du solche Situationen optimieren wollen?"

„Na klar, Winni, das ist doch sowieso unser Themenbereich, über den wir uns seit Tagen austauschen."

„Würdest du gerne perfekt sein?"

„Wer möchte das nicht?"

„Ich meine aber dich, Sigi."

„Weshalb nicht? Ob das möglich ist?"

Perfektions-Test

„Lass uns einen kleinen Test machen Sigi. Nennen wir ihn Perfektions-Test. Schau hier." Wie gewohnt tauchte eine Tabelle aus dem Nichts auf. Winni forderte mich auf: „Lies die Aussagen und markiere in den Spalten daneben, ob die Aussage zutrifft oder nicht." Er reichte mir die Liste, die ich sofort bearbeitete.

Aussage	Ja	Nein
Ich will immer alles richtig machen.		
Ich will Ergebnisse 100%ig abliefern.		
Ich überlege lange, wie ich ein perfektes Ergebnis abliefern kann.		
Ich ärgere mich über mich, wenn mein Ergebnis weniger gut ausfällt.		
Ich spüre eine innere Unruhe, glaube ich weniger zu leisten, als ich mir zutraue.		
Ich habe Angst zu versagen.		
Ich habe Angst vor Ablehnung.		
Ich finde es schwer, ein Projekt abzuschließen, da ich immer wieder Verbesserungsmöglichkeiten erkenne.		
Ich komme oft unter Zeitdruck.		
Ich erwarte, dass andere auch so (gut) arbeiten wie ich.		
Ich bin enttäuscht, wenn andere meine (gut gemeinten) Ratschläge nicht annehmen.		
Ich ärgere mich über mich, setze ich meine eigenen Vorstellungen nicht optimal um.		
Ich könnte noch viel mehr leisten, hätte ich mehr Zeit.		
Ich bin stolz auf erreichten Erfolg.		

(Liebe Leserin, lieber Leser, bitte füllen Sie die Liste aus, bevor Sie weiterlesen.)

„Fertig!"

Winni hatte es sich inzwischen auf einem meiner Sessel gemütlich gemacht. Er nahm die Liste und warf – wie üblich – nur einen kurzen Blick darauf. „Du hast mehrfach ‚ja' vermerkt."

Das wusste ich selbst.

„Das weißt du selbst. Dagegen ist nichts einzuwenden. Wir haben bereits festgestellt, dass wir wettbewerbsbedingt nach Vorteilen streben. Die ‚Jas' gehören dazu. Ein gewisses Streben nach Perfektion ist nachvollziehbar und sinnvoll für den beruflichen Erfolg und das persönliche Glücksempfinden."

„Super."

„Aber Achtung, lieber Sigi. Sobald der Perfektionismus das eigene Selbstwertgefühl negativ beeinflusst, solltest du vorsichtig werden. Wer sich als Perfektionist bezeichnet, erkennt seine eigenen und fremden Fehler sehr gut. Daraus folgt: Er wertet, er urteilt, er verurteilt unzulängliches Verhalten. Das ist zwar nachvollziehbar, beeinflusst aber sein Empfinden den Ergebnissen gegenüber, da er sich aufgrund seines Perfektionismus weniger über sich und andere freuen kann. Er riskiert sogar, möglicherweise an seinen eigenen Fähigkeiten zu zweifeln."

„Oha. Was geschieht dann?"

„Das kann einerseits Auswirkungen auf sein Verhalten und auf den Verlauf seines Lebens. Beispielsweise fehlt ihm unter Umständen Zeit, er wird nervös, fühlt sich überfordert, sodass er sich gegebenenfalls gezwungen fühlt, gewisse Mittel, Suchtmittel, einzunehmen."

„Nicht gut."

„Sicher nicht. Auch können Auswirkungen auf seine eigenen Gefühle entstehen. So empfindet er unter Umständen mehr Stress, baut mehr

Angst vor Fehlern auf, leidet gegebenenfalls unter Minderwertigkeits-
gefühlen."

„Oh, das wird ihm wohl kaum guttun. Wird er nicht krank?"

„Ja, ich denke schon. Auch der Körper wird reagieren. Einige klagen
über Schlaf- und Essstörungen, spüren Druck im Magen oder am Her-
zen, geraten in Depressionen oder schlittern möglicherweise sogar in
ein Burnout."

„Mensch Winni, du machst mir Angst. Das muss ich erst einmal ver-
arbeiten. Das hört sich extrem, teilweise erschreckend an."

„Na ja, so schlimm muss es ja auch nicht werden."

„Gibt es einen Tipp?"

2. Ansprüche zurückschrauben

„Wer spürt, in diese Richtung abzudriften, sollte sich weder von der
Erwartungshaltung seines sozialen Umfeldes noch von der eigenen
unter solchen Druck setzen lassen. Tatsächlich wird Perfektion ange-
strebt, kann oder muss aber nicht immer überall erreicht werden. Das
ständige, uneingeschränkte Streben nach Perfektion ist ungesund.
Lieber einmal tief durchatmen und auch mit dem 2. Platz zufrieden
sein."

„Gut. 2. Platz ist auch gut."

„Wer unter Perfektionismus leidet, kann sein eigenes Streben nach
Perfektionismus überdenken. Ich liste hier einige Gedanken auf, die
anregen sollen, den extremen Perfektionismus auszubalancieren.
Was meinst du?"

Ich nahm die mir entgegengestreckte Liste in die Hand, um sie durch-
zulesen. Einige Vorschläge erschienen mir sinnvoll. Diese markierte
ich.

Gedanke	Sinnvoll?
Überhöhte Ansprüche zurückschrauben.	
Nicht sich selbst verrückt machen, indem eigene Ziele zu hoch angesetzt werden.	
Kritik akzeptieren, diese als konstruktiv betrachten und daraus lernen.	
Sich an erfolgreichen Menschen orientieren, sich aber nicht kleiner machen.	
Weniger arbeiten. Auf das Gaspedal treten. Das Umfeld wird den Unterschied nicht realisieren.	
Bei Furcht vor Misserfolgen sich Freunden anvertrauen. Außenstehende beurteilen eine Sache anders.	
Eigene Wertevorstellungen überprüfen, ob diese nicht manchmal überzogen sind.	
Details kosten manchmal viel Zeit und bringen relativ wenig. Das ,Große Ganze' vor Augen halten.	
Überlegen, was im schlimmsten Fall geschehen könnte. Wäre die Konsequenz tatsächlich so schlimm?	
Zielorientiert vorgehen und alles außen vor lassen, was von der vorgegebenen Richtung ablenkt.	
Sich kompromissbereit und flexibel zeigen.	
Überlegen und gut planen, aber nicht versuchen, im Vorfeld alles endlos analysieren zu wollen.	
Lernen, ,Nein' sagen zu können, wenn Können oder Zeitplan Grenzen setzen.	
Pausen einlegen und entspannen. Anschließend gelingt es, effektiver weiterzuarbeiten.	
Fehler akzeptieren! Wer keine Fehler macht, ist noch ein Mensch?	
Nicht endlos planen, sondern das ,Risiko' des Machens eingehen.	

Nicht an sich selbst zweifeln, wenn es mal nicht so toll wie erwartet lief.	
Keine Scheu, um Hilfe oder Unterstützung zu bitten.	

(Liebe Leserin, lieber Leser, kreuzen Sie die Gedanken an, die Ihnen sinnvoll erscheinen. Konkreter: Gedanken, die Sie umsetzen wollen.)

Ich war zufrieden mit meinen Gedanken. Ich wusste auch schon, wo ich ansetzen wollte. Da brachte Winni ein weiteres Thema ein.

100 versus 99 und 80 versus 20

„Sigi", redete mich Winni an. „Was würdest du sagen, käme jedes 100. Flugzeug einer Fluggesellschaft zum Absturz?"

„Dann würde ich sagen: Mist! Da funktioniert wohl etwas nicht mit den Sicherheitskontrollen bei dieser Flug-Gesellschaft."

„Was würdest du sagen, stürbe jeder 100. Patient bei einer Herz-Operation?"

„Das ist natürlich genau so ein Mist."

„Trotzdem passiert es. Ich will auf Folgendes hinaus: Das Ziel, dass alle Flugzeuge wieder sicher landen, soll bei 100 % liegen. Das Ziel, alle Herz-Operationen so auszuführen, dass 100 % aller Patienten überleben, soll gegeben sein. Die Ziele sind 100-prozentig. Das ist auch richtig so, um möglichst perfekt zu arbeiten. Du hörst schon, dass ich sage ‚möglichst' perfekt. Denn Fehler können immer wieder passieren. Stürzt ein Flugzeug ab oder verstirbt ein Patient, ist das selbstverständlich sehr tragisch. Dafür kann es verschiedene Gründe geben, die uns hier nicht weiter interessieren müssen. Die Verantwortlichen müssen schauen, dass solche Fälle analysiert und minimiert werden, um in der Zukunft noch besser arbeiten zu können."

„Ja. Das ist nachvollziehbar."

„Was würdest du sagen, erzielte ein Studierender statt 100 % nur 99 Prozentpunkte in seiner Klausur?"

„99 Punkte sind wahnsinnig viel. Der Studierende sollte zufrieden, nein sogar glücklich sein.

„Was würdest du sagen, kämen in 99 % aller Fälle die Bahnen pünktlich am Bahnhof an?"

„Das wäre ja fast eine Utopie! Wie schön wäre das. Also ja, das wäre natürlich fantastisch."

Wenig Aufwand – hohes Ergebnis

„In allen Fällen wird beim Ergebnis 99 mit 100 verglichen. Du merkst bereits Unterschiede in der Bewertung eines 99-prozentigen Ergebnisses, je nachdem, um welche Aufgabe es sich handelt. In den meisten Fällen, die beruflich zu erledigen sind – gesellschaftlich ebenso – genügen 99 % allemal. Um auf die Perfektionisten zurückzugreifen: Ob sie 100 % oder 99 % erzielen, macht in der Regel keinen Unterschied. Tja, ich will noch weitergehen. Ich werde dir an einem Beispiel zeigen, dass wir üblicherweise sogar mit 80 % gut klarkommen."

„Da bin ich ja gespannt."

„Ich greife hier auf eine Idee des italienischen Ingenieurs und Soziologen Vilfredo Federico Pareto (1848 – 1923) zurück. Er hat in einem nach ihm benannten Pareto-Prinzip erkannt und dargestellt, dass bei der Erledigung unterschiedlicher Arbeitsschritte zur Erreichung eines Ziels verschieden viel Zeit aufgebracht werden muss. Wir könnten nun annehmen, dass wir 100 % Zeit und Energie aufwenden, um 100-prozentiges Ergebnis zu erzielen."

„Das sehe ich auch so."

Zwei Pfeile erschienen. Winni erklärte: „Der obere, schwarze Pfeil zeigt den Energieaufwand inklusive der benötigten Zeit. Der untere, graue Pfeil zeigt das Ergebnis."

„O. k."

„Pareto war nun der Meinung, dass du mit etwa 20 % Aufwand bereits 80 % Ergebnis erzielen kannst. Das sähe dann so aus."

„Das wäre ja wunderbar!", rief ich aus.

„Genau darum geht es, Sigi. Pareto wies in mehreren Beispielen nach, dass der Aufwand von 20 % bereits dies relativ große Ergebnis erzielen kann."

„Ich habe verstanden, 80 % sind erzielt. Was ist mit den restlichen 20 %?"

„Du wirst dich gleich wundern. Denn, um das restliche Fünftel zu erzielen, müssen tatsächlich – laut Pareto – zusätzliche 80 % Energie aufgewendet werden."

„Das steht in keiner Relation!"

„Genau darum geht es."

„Das ist sehr interessant. Hast du ein Beispiel?"

„Na klar. Betrachten wir einmal einen Nicht-Perfektionisten, nennen wir ihn Person A, und einen Perfektionisten, Person B, der seinen PKW rückwärts in eine Parkbucht parken möchte. Person A geht wie folgt vor. Er fährt rückwärts in die Parkbucht. Motor aus. Aussteigen. Fertig. Höchstwahrscheinlich steht das Fahrzeug nicht im selben Abstand rechts, links, hinten und vorn in der Lücke: Aber es ist geparkt. Und zwar in kürzester Zeit. Aufgabe ist erfüllt."

„Ich ahne schon, wie der Perfektionist B vorgeht."

Winni schmunzelte, er wusste bereits was käme. „Perfektionist B versucht, das Fahrzeug so lange hin und her zu bewegen, bis er dieses zu 100 % im gleichen Abstand in allen 4 Hauptrichtungen ausgerichtet hat. Das Ergebnis mag hundertprozentig perfekt sein. Das ist nicht anzuzweifeln. Mit sehr hoher Wahrscheinlichkeit benötigte er durch das Hin- und Herrangieren weit mehr Zeit als Person A."

„Hm, das stimmt. Beide stehen in der Parkbucht. Person A war viel schneller als Person B, vielleicht sogar deutlich schneller als B. Wenn ich das Pareto-Prinzip richtig verstanden habe, benötigte A nur ein Fünftel der Zeit von B. Oder?"

„So ist es, Sigi. An diesem einfachen Beispiel ist bereits zu sehen, welche Zeitverschwendung möglicherweise ein gewünschtes, perfektionistisches Ergebnis erfordert."

„Das heißt demnach, dass 20 % Aufwand genügen, um ein Ergebnis zufriedenstellend zu Ende zu bringen?"

„In vielen Fällen ja. Das detaillierte, feine Nacharbeiten wird in manchen Bereichen notwendig sein. Das ist dann auch in Ordnung. Es soll uns nur klarwerden, wie unterschiedlich der Energieaufwand ist."

„Dann lass uns dieses Ergebnis in Bezug in Bezug auf unsere Gedanken des Perfektionisten bringen. Wer dahin tendiert, alles möglichst perfektionistisch umzusetzen, könnte viel Zeit und Energie sparen, reduzierte er seinen Aufwand. Er müsste dabei akzeptieren, dass das Ergebnis zu 80 % erreicht wurde."

„So ist es. Hast du Lust und Laune, durchdenke deine Arbeiten, die du gewöhnlich umsetzt. Ich will natürlich nicht erreichen, dass du plötzlich nur noch ‚schlunzig' arbeitest. Dort, wo du Energieaufwand sparen kannst, solltest du es tun. Deine Arbeitsabläufe und deinen Zeitaufwand würdest du damit optimieren. Denke darüber nach. Suche nicht, den perfekten Menschen darzustellen. Es wird dir eh' nicht gelingen. Bleibe authentisch, so wie du bist. Bleibe bei der Wahrheit"

„Winni ich verspreche dir, ... Oh, wo bist du?" Winni war schon wieder verschwunden. Offensichtlich wollte er seine Energie und seine Zeit optimieren und verzichtete auf umfangreiche Abschiedsszenen. Na gut. Ich lächelte. Ich dachte über die neuen Erkenntnisse nach.

3. Pseudoaufwertung eines schwachen Egos

Tja, bekannterweise fühlt sich nicht jeder als starke, überzeugende Persönlichkeit. Dazu hatte ich mich mit Winni bei den Themen Selbstbewusstsein und Selbstwertgefühl intensiv auseinandergesetzt.

Dem einen liegt es näher, extravertiert zu handeln, sofort auf andere zuzugehen und direkt einen Kommentar abzugeben. Wie viele hingegen tun sich genau in diesem Punkt schwer, überlegte ich. Vielleicht sogar die Mehrheit?

‚Authentisch bleiben', hallten mir Winnis Worte nach. Leichter gesagt als getan. Wer ein schwaches Ego hat, hat bestimmt in diesem Bereich ordentlich zu kämpfen, dachte ich. Nun waren wir bei dem Bereich Selbstoptimierung. Hierbei konkret die Aufwertung des persönlichen Erscheinungsbildes.

„Ein wenig ins bessere Licht stellen, ist in Ordnung, Sigi. Pass mal auf."

Winni blinkte einmal hell dann wieder schwach, dann wieder kaum wahrnehmbar auf.

„Das meine ich, Sigi. Ich bin jedes Mal derselbe, manchmal sichtbarer, manchmal nicht."

„Da ist er wieder, der Winni. Komm etwas aus dem Schatten, damit ich dich besser sehen kann." Ich musste selbst über meinen Vergleich Licht und Schatten lächeln. „Dir geht es bestimmt gut, wie immer, oder?"

„Alles in Ordnung. Mir geht es gut. Aber wie bei jedem schwankte auch bei mir die Stimmung mal nach oben, mal nach unten. Da wo ich herkomme gibt ...“

Ich unterbrach schnell und fuhr fort: „... gibt es bestimmt gute und schlechte Laune, starkes und schwaches Ego? Richtig?“, grinste ich Winni an.

War Winni leicht erbost? „Schon gut.“

„Na, nun sei mal nicht gleich eingeschnappt, Winni. Zeige dich von deiner positiven, starken, gut leuchtenden Seite.“

Schon war Winni wieder Feuer und Flamme. „Alles klar. Bin einsatzbereit. Also, worum geht es?“

4. Sich ins bessere Licht stellen

„Na, darum, sich ins bessere Licht zu stellen.“

„Ach ja.“ Winni schlug sich mit der Hand an die Stirn. „Ja, raus aus dem Schatten, rein ins Licht!“

„Wie meinst du das?“

„Wer zu Hause in seinen eigenen vier Wänden vor sich her dämmert, befindet sich sozusagen im Schatten.“

„Der, der rausgeht, sieht und gesehen wird, bewegt sich im Licht?“

„Ja, so lässt sich das ausdrücken.“

Ich gab zu bedenken: „Nur, weil einer im Licht steht, wird er nicht von allen wahrgenommen.“

„Nicht unbedingt von allen. Aber die Chance, gesehen zu werden, steigt immens. Abgesehen wird auch im übertragenen Sinn von ‚Licht und Schatten‘ gesprochen.“

„Aha, und wie?“

„Na, ich meine, dass sich jemand ins bessere Licht stellt. Du kennst bestimmt genügend Beispiele aus Bewerbungsgesprächen von Schulabgängern. Beispiel. Der Interviewer fragt: ‚Welches war in der Schule Ihr Lieblingsfach?‘ Bewerber antwortet: ‚Mathe mochte ich überhaupt nicht.‘"

„Das war auch gar nicht gefragt!", rief ich aus.

„Eben. Und weiter: ‚Die Mathe-Lehrerin mochte mich nicht. Außerdem war ihr Unterricht langweilig.‘"

„Das kann zwar sein, tut aber doch nichts zur Sache."

„Das meine ich auch, Sigi. Die Aussagen klingen negativ. Der Bewerber macht sich unattraktiv, beschreibt er eine schlechte Situation, bringt er eine Schuldzuweisung gegen die nicht anwesende Lehrerin vor und drittens, kritisiert er den Unterricht, ohne Belege oder Erklärungen."

„Dazu kommt: Alles ohne Notwendigkeit. Dumm gelaufen, würde ich sagen."

„Allerdings. Der Kandidat stellt sich selbst in den Schatten. Besser wäre beispielsweise: ‚Besonders mochte ich Physik, wegen der interessanten Experimente. In diesem Unterricht konnte ich viel lernen. Hat mir gut gefallen."

„Das klingt ganz anders."

„Genau. Unterstellt, es stimmt, baut der Kandidat ein ganz anderes Bild, ein positives Bild auf. Er beleuchtet das Geschehen und setzt sich selbst besser ins Licht."

„Ich habe verstanden, was du mit Licht und Schatten meinst."

„Ein anderes Beispiel: Ein Student schreibt seiner Professorin eine Mail, da er eine Aufgabe nicht verstanden hat. Die Professorin stellt fest: ihr Name ist falsch geschrieben, mehrere Schreibfehler und

Grammatikfehler ‚zieren' die Mail. In der Signatur fehlt die Zuordnung zum Semester und zum Fach."

„Die Professorin wird nicht begeistert sein."

„Wohl kaum. Das, was ihr auffiel, hat wohlgemerkt noch gar nichts mit dem Anliegen des Studenten zu tun. Weshalb gibt er solch ein schlechtes Bild von sich ab?"

„Falls du die Frage als echt gemeinte an mich stellst: Unaufmerksamkeit? Fehlende Wertschätzung? ‚Eben mal' zwischendurch geschrieben? Mangelnde Empathie? Vielleicht etwas ganz anderes?"

„Du hast selbst eine Menge Beispiele gebracht, Sigi. Etwas in dieser Art wird es gewesen sein. Es kommt noch dazu, dass er etwas von der Professorin wissen will. Wie würde er wohl reagieren, schriebe die Professorin in seiner Art zurück. Das könnte ja fast ihren Ruf schädigen."

„Ich finde", gab ich zur Überlegung, „dass zumindest die formalen Kriterien sauber erfüllt sein könnten. Auch dann, wenn es sich ‚nur' um eine Mail handelt."

„Ein fehlerfrei geschriebener Text, eine übersichtliche Gliederung mit sauberem Layout, schon sähe die Sache optimal aus."

Tadelloser Internet-Auftritt

„Mir fällt noch etwas ein, Winni. Wie sieht es mit dem eigenen Internet-Auftritt aus?"

„Ich bin sicher, du würdest die Antwort selbst finden, lieber Sigi. Schau deine Veröffentlichungen auf den von dir benutzten Plattformen an. Durchforste sie nach fehlerhaften Texten, nach ‚toten' Links, nach falschen Angaben. Überprüfe, wen du zitierst oder ‚als Freund' bezeichnest. Betrachte vor allem deine Fotos. Wie zeigen sie dich? In gestellter Pose? Mit Alkohol oder im angetrunkenen Zustand? Wo bist du zu sehen? Im Bett oder im Badezimmer, im Club, mit langweiligem oder verräterischem Hintergrund? Auch nicht zu vernachlässigen: Mit wem bist du abgebildet – und in welcher Haltung zueinander?"

„Manno, das ist ja eine Menge."

„Ja, ja, alles, was rund um dich auf dem Foto zu sehen ist, kann Rückschlüsse auf dich und dein Leben geben. Sind ‚peinliche' Dinge zu erkennen? Oder etwas, worüber du dich einige Jahre später ärgern oder schämen würdest?"

„Gut, verstanden. Ich schaue meine veröffentlichten Angaben diesbezüglich durch. Trotzdem möchte ich mit meinen Darstellungen ehrlich bleiben."

„Das sollst du auch, Sigi. Ehrlich und authentisch. Es ist klar und weitgehend akzeptiert, schlägt mal einer über die Stränge. Die Frage ist lediglich, ob genau diese Situation für die Nachwelt festgehalten werden muss."

„Dem Introvertierten werden solche Missgeschicke in der Auswahl seiner Posts, Bilder oder Videos nicht passieren?"

„Das ist nicht gesagt. Es kann sein. Andererseits wird unter Umständen jemand schnell langweilig, zeigt er sich ständig mit seiner Katze kuschelnd. Ist das der einzige Bezugspunkt im Leben?

„Also doch das Image aufwerten?"

„Ich möchte diese Frage nicht einfach mit einem Ja beantworten. Ich halte beispielsweise nichts von Pseudoaufwertungen. Wo bliebe da die Authentizität? Hingegen kann ich gezielt Informationen von mir geben, die zu meinem Image gehören. Das eigene Image pflegen. Schwächere Darstellungen werden ausgelassen."

„Ist das dann noch als ehrlich zu bezeichnen?"

„Nun, das ist das, was ich als ‚ins bessere Licht stellen' bezeichne. Meine dunklen Flecken auf der weißen Weste muss ich nicht sofort jedem aufs Auge drücken."

„Ach so, nach dem Prinzip: Jeder hat eine Leiche im Keller?"

„Vielleicht passt der Vergleich, auch wenn er hinkt. Aber nicht bewusst lügen, in der eigenen Darstellung. Das bringt auf Dauer sowieso nichts. Zeige dich begehrenswert. Bringe es fertig, dass die anderen gerne Kontakt mit dir aufnehmen. Zeige, wie wertvoll du bist. Stelle dar, dass andere ihr Leben optimieren, sollten sie dich zu ihrem Netzwerk zählen dürfen. Viel zu tun. Adieu."

5. In sich selbst verliebt

Was war denn das? Beugte sich Winni über den Fußboden? War der Boden feucht? Das sah aus wie eine Wasserlache. Offensichtlich betrachtete Winni sein Spiegelbild auf einer Wasseroberfläche.

Ich ging auf ihn zu. Sprach er zu sich? Ich glaubte zu hören: „Du bist der Schönste! Ich liebe dich! Weshalb kommst du nicht zu mir? Du bist der Begehrteste." Was war denn das?

„Winni, was ist los? Redest du mit deinem Spiegelbild? Das hört sich an, als wärst du verliebt in dieses Bild."

Winni drehte sich langsam zu mir um. Er schien abwesend zu sein und aus der Ferne auf mich zu sehen. Ich hatte das Gefühl, als schaue er durch mich hindurch. Ein ungutes Gefühl beschlich mich. Mich gruselte etwas.

Jetzt schienen sich Winnis Gesichtszüge zu entspannen. Ein Lächeln kehrte auf sein Gesicht zurück. Seine Mimik entspannte sich.

Er sprach mich an: „Bist du erschrocken? Ich bin es, Winni. Du kennst mich doch, Sigi."

„Ja Winni. Was war denn eben mit dir los? Du schienst mit deinem Spiegelbild zu sprechen. Fast hatte ich den Eindruck, du wärst in das Bild verliebt."

„War ich auch."

„Wie bitte?"

„Natürlich nur gespielt, Sigi. Kennst du denn nicht die Geschichte von Narziss? Soll ich die kurz erzählen?"

„Ja, bitte. Ich bin total verwirrt aber auch gespannt, was du erzählen willst."

Der Narzisst

„Die Geschichte erzählt von einem jungen Mann namens Narziss, der sich unsterblich in sein eigenes Spiegelbild verliebte . Er war der Sohn der Wassernymphe Leiriope und des Flussgottes Kephissos.

Zugegebenermaßen war er wunderschön geraten. Offensichtlich gab es niemanden, der schöner als er selbst war."

„Es sieht so aus, als befänden wir uns in der alten griechischen Sagenwelt."

„Sehr gut erkannt. Sigi. Eines Tages entdeckte Narziss sein Spiegelbild auf einer Wasseroberfläche. Schlagartig verliebte sich Narziss in dieses Bild. Täglich ging er zu der Wasserstelle, verharrte dort stundenlang und redete mit seinem zweiten Ich. Verständlicherweise konnte Narziss' Spiegelbild seine Liebe nicht erwidern."

„Wie auch?"

„Die fehlende Rückmeldung des Spiegelbildes quälte Narziss fürchterlich. Er sprach und sprach mit seinem gespiegelten Ego – erfolglos. Narziss verzehrte sich so sehr nach sich selbst, bis er nur noch Haut und Knochen war. Er wusste, er würde sterben. Kurz vor seinem Ableben hauchte er seinem geliebten Spiegelbild diesen Abschiedssatz zu: ‚Ach, du hoffnungslos geliebter Knabe, lebe wohl!'"

„Das ist eine wirklich traurige Geschichte."

„In der Tat. Narziss verstarb direkt neben der Wasserstelle. So nebenbei: Er verwandelte sich in eine wunderschöne Blume, die Narzisse."

„Narziss war also in sich selbst verliebt?"

„Sehr richtig. Narziss war der Namensgeber für das heute gebräuchliche Wort Narzissmus. Narzissmus wird als Selbstliebe oder Selbstverliebtheit bezeichnet. Auf einen lebenden Menschen bezogen bedeutet das, dass der Narzisst sich selbst wichtiger ist als alle anderen um ihn herum – sehr viel wichtiger als die anderen. Das wurde bei der Geschichte sehr gut erkennbar. Alles andere war egal.

Der Betroffene ersehnt sich eine übermäßige Bewunderung durch die anderen. Diese Sehnsucht wird zur bösen Sucht. Eine verzehrende Sucht nach Bewunderung seiner Person."

„So jemand möchte ich nicht um mich herum haben. Als Vorgesetzten schon gar nicht."

„Das kann ich gut verstehen. Der Narzisst zeichnet sich durch eine unglaubliche Selbstüberschätzung aus. Er zeigt eine deutlich ausgeprägte Anspruchshaltung. Diese steigert sich Tag für Tag, da er auf der ständigen Suche nach Neuem ist. Das ist vergleichbar mit einer Art Erlebnishunger, Bewunderungshunger. Er giert ständig danach, immer wieder und von jedem bewundert zu werden."

„Oh weh, das klingt ja krankhaft."

„Sieht so aus. Als Betroffener und besonders als narzisstische Führungskraft benötigt er unablässig Lob von Mitarbeitern, Vorgesetzten, Lieferanten Kunden, Gesprächspartnern und allen anderen, mit denen er zu tun hat."

„Da hat ja gar niemand eine Chance gegen ihn."

„Ja, denn er strahlt sozusagen über allen anderen. Was meinst du, wie seine Mitarbeiter und Mitarbeiterinnen mit ihm umgehen?"

„Ich kann mir vorstellen, dass sie ihn nicht mögen. Hinter seinem Rücken werden sie bestimmt nicht gut über ihn sprechen. Allerdings in seiner Anwesenheit werden sie vor ihm kuschen. Sie müssen ihn bewundern, sonst riskieren sie eventuell sogar ihren Job."

„Vollkommen richtig erkannt, Sigi. Tatsächlich ist das Vorgehen natürlich kontraproduktiv. Durch das Verhalten der Beschäftigten wird der Narzisst in seiner Rolle immer weiter bestätigt. Folge: Sein Verhalten, seine Sucht nach Bewunderung steigert sich unablässig ins Unerfüllbare."

„Er verträgt bestimmt keine Kritik?"

„Nicht im Geringsten. Da er zur extremen Selbstüberschätzung neigt, nimmt er Kritik an sich als direkten Angriff auf seine Persönlichkeit wahr. Er wird versuchen, Kritiker so schnell wie möglich ‚auszuheben', zum Beispiel zu entlassen. Seine eigene Persönlichkeit steht im Vordergrund."

„Winni, würdest du solch ein Verhalten einer Person als authentisch bezeichnen?"

„Das ist außerordentlich schwierig zu beantworten. Die betreffende Person würde das bestimmt von sich selbst behaupten."

„Verstehe."

„Ich will noch ein wenig mit meinem Wissen angeben. Die Psychologen Prof. Dr. Delroy L. Paulhus und Kevin N. Williams haben an der kanadischen University of British Columbia Vancouver Untersuchungen zum Narzissmus unternommen.

Sie betrachten den Narzissten als kritisch einzuschätzenden Persönlichkeitstypen. Vor allem deshalb, da der Narzisst das eigene Wohl gnadenlos über das Wohl der anderen stellt."

„Wie kann dieser selbstverliebte Typ vernünftig mit anderen zusammenarbeiten?"

„Zusammenarbeiten <u>mit</u> anderen erscheint mir hier eher fragwürdig. Und ‚zusammen' ebenso. Er allein entscheidet über richtig und falsch. Er will vor allem persönlichen Erfolg erzielen, um sein überzogenes Selbstwertgefühl zu befriedigen. Empathielosigkeit und rücksichtsloses Verhalten zählen zu seinem Vorgehen. Ihm wird eine niedrige soziale Verträglichkeit zugeschrieben."

„Ich will mal versuchen, es zusammenzufassen. Der Narzisst hat eine hohe Anspruchshaltung an andere."

„An sich selbst auch", ergänzte Winni.

„Er neigt zur Selbstüberschätzung."

„Eindeutig."

„Er müsste extrem extravertiert sein und er ist ständig hungrig nach Neuem, nach neuen Erlebnissen."

„Fällt dir noch etwas ein? Bewunderung zum Beispiel?"

„Ach ja, er will bewundert werden und er ist fürchterlich empfindlich bei Kritik an seiner Person. Habe ich alles zusammen?"

„Das ist mehr als genug, Sigi. Interessanterweise hat er oft beruflichen Erfolg, trotz seiner unschönen Verhaltensmuster. Menschlich hingegen kann er nicht überzeugen."

„Welchen Schluss kann ich aus diesem Thema ziehen?"

„Nun, du sollst zwar selbstbewusst und erlebnishungrig sein, allerdings nicht in diesem extrem beschriebenen Ausmaß. Wir könnten sagen, dass der Bogen überspannt wurde. Ich darf dir empfehlen, einen Augenblick nachzudenken, ob du bei dir gegebenenfalls in Ansätzen auch einen der Punkte im Sinne des Narzissmus erkennst."

Oh, diese Aufgabe versetzte mir einen kleinen Stich. Winni würde mich doch nicht als Narzisst bezeichnen? Na gut. Ich setzte mich hin und überlegte, inwieweit die von mir selbst zusammengefassten Kriterien auf mich zutreffen könnten.

Ich fing mit der Anspruchshaltung an. War ich zu anspruchsvoll? Hm, anspruchsvoll schon – aber nicht übertrieben. Also konnte ich diesen Punkt ‚abhaken'. Ich machte mich an den nächsten.

(Liebe Leserin, lieber Leser, wenn Sie möchten, können Sie oben genannte Kriterien im eigenen Verhalten durchleuchten. Bei angemessener Ausstrahlung helfen sie einem authentischen Auftreten. In übersteigerte Form sind sie kritisch zu betrachten.)

6. Behauptung im Leben und am Arbeitsplatz

Es war schon schwierig genug, sich im gesellschaftlichen Leben zu behaupten. Es braucht Zeit, Vertrauen aufzubauen und seine Rolle im sozialen Umfeld zu finden und vor allem auch zu festigen. Wie sieht es im beruflichen Umfeld aus?

„In unserer Gesellschaft zählt der berufliche Erfolg allemal", meinte Winni.

„War das früher nicht wichtiger als heute?"

„Oh ja. Die sogenannten Babyboomer brauchten den beruflichen Erfolg, um sozial aufzusteigen. Erst ab der Generation Y erfolgte – zuerst zögerlich – ein Umdenken. Die ab etwa dem Jahr 2000 Geborenen, die Generation Z, legen noch mehr Wert auf ein ausgeglichenes Leben."

„Ausgeglichen zwischen Freizeit und Beruf?"

„Genau. Der berufliche Erfolg hat nicht mehr die Priorität wie vormals. Gänzlich verschwunden allerdings nicht."

„Ohne Job kein Geld."

„Lassen wir das so stehen. Neulich sprachen wir über den Wettbewerb untereinander. Den finden wir im Beruflichen natürlich auch."

„Trotz allem besteht das Bedürfnis nach einer ausgewogenen, einer ausgeglichenen Work-Life-Balance."

„Oh ja. Immer wieder kommen unzählige Beschäftigte ausgepowert in den Feierabend. Vieles dreht sich nach wie vor um den Arbeitsplatz."

„Wie halten diese Leute das aus?"

„Das fragst du? Wir beschrieben bereits, dass bei ständigem ‚grenzwertigem' Arbeiten erhöhter Stress entsteht, sowie das Risiko, ernsthaft zu erkranken; Depression, Burnout und ähnliches. Deshalb nehmen viele, zu viele, Menschen ‚Aufheller' zu sich."

„Was verstehst du unter Aufheller?"

„Ich meine damit Mittelchen, die das Befinden verbessern sollen. Aber auch Drogen aller Art, die helfen sollen, das Arbeitspensum zu bewältigen."

„Das bringt höchstens einen kurzfristigen ‚Push'."

„Außerdem wird eine Abhängigkeit von diesen Mitteln riskiert."

„Welche Alternative siehst du?"

„Um sich im Beruflichen behaupten zu können, muss ich sowohl fachlich als auch menschlich überzeugen. Ersteres kann ich durch eine gute Aus- und Weiterbildung gewährleisten. Bekannterweise gehört zum Leben ein ständiges Lernen."

„Weil sich die Anforderungen ändern."

Die Entwicklung schreitet voran, das soziale Werteempfinden mag sich ändern, gesellschaftliche Veränderungen finden statt und so weiter."

„Das Weiterbildungsangebot ist groß genug, um sich auf dem aktuellen Stand zu halten."

„Firmeninterne Schulungen, externe Seminare, Coaching, Fachliteratur, seriöse Videos und vieles mehr lassen fast keinen fachlichen Bereich aus."

„Damit kann das Fachliche aktuell gehalten werden."

„Wer stillhält, verliert nach und nach den Anschluss an das Aktuelle, das Zeitgemäße."

„Nun zur menschlichen Seite."

„Hierüber tauschten wir uns überwiegend aus, wie auch über die Kombination zwischen Fachlichem und Menschlichem."

„Ich sage nur: Optimismus, Attraktivität, Authentizität."

Winni grinste breit. „Ach ja?", fragte er ironisch. „Klar, Sigi, das stimmt alles. Menschlichkeit zeigen. Empathisch sein. Verständnis zeigen. Kommunikation wollen. Authentisch bleiben. Ehrlich sein, soweit es geht."

„Das sind bereits viele Unterpunkte, die du aufzählst."

„Allerdings – und noch lange nicht alle."

Wie wir bereits früher festhielten, zählen Selbstbewusstsein und Selbstwertgefühl dazu."

„Richtig."

„Ich finde, dass bei der Menschlichkeit aufgepasst werden muss, sich nicht ausnehmen zu lassen."

„Absolut. Das wäre bestimmt kontraproduktiv. Angesagt ist: Ich bleiben."

„Freundlich aber bestimmt. Richtig?"

„Richtig."

(Liebe Leserin, lieber Leser, hier gibt es wieder eine Möglichkeit zu überlegen, in welchen Bereichen Sie Ihre Menschlichkeit optimieren wollen. Gehen Sie sachte aber zielorientiert und bestimmt vor.)

7. Auf Wiedersehen

Winni gähnte ausgiebig. Er fragte: „Sigi, bist du der Meinung, dass du genügend Input zum Thema Selbstoptimierung hattest?"

„Allemal, Winni. Ich konnte bereits viel über den einen oder anderen Punkt nachdenken. Ich bin sowieso der Meinung, dass die Reflexion zur eigenen Persönlichkeit außerordentlich wertvoll ist. Sie bringt neue Erkenntnisse und Ansichten. Mir hilft dieses Vorgehen jedenfalls sehr gut, meine eigene Persönlichkeit auszubauen. Also: Mich selbst zu optimieren, beziehungsweise mein Leben zu optimieren."

„Das freut mich sehr zu hören, lieber Sigi. Es war wieder einmal sehr angenehm, sich mit ihr über solche interessanten Themen auszutauschen. So will ich mich von dir verabschieden. Ich danke dir und wünsche dir eine optimale Zukunft."

„Es ist an mir, dir zu danken, Winni. Mache es gut und gehe dorthin zurück, wo du herkommst", ergänzte ich augenzwinkernd.

Eine Art blasenförmiger Schaum bildete sich, in den Winni reingezogen wurde. Er lächelte breit und winkte mir zu. Einen Daumen hielt er nach oben. Dann verschwand er.

Ich habe viel durch Winnis Hilfe gelernt.

Wann würde ich ihn wiedersehen?

Epilog

„Ich stehe zu mir!"

Nur eine Ansicht ist unwahr, die, dass nur eine Ansicht wahr sei.
Ernst Maria Johann Karl Freiherr von Feuchtersleben, österr. Arzt
(1806 - 1849)

Perspektivenwechel

Liebe Leserin, lieber Leser, vielen Dank, dass Sie Winni und Sigi durch den Themenbereich der Selbstoptimierung begleiteten.

Konnten Sie die einzelnen Übungen/Aufgaben umsetzen? Erhielten Sie den einen oder anderen Gedankenanstoß?

Unterschiedliche Bereiche wurden angesprochen, wie die Work-Life-Balance, den Umgang mit den Nachrichten auf dem Smartphone und andere.

Eigene Bedürfnisse müssen befriedigt werden, um glücklich zu sein. Ziele werden gesetzt – und erreicht.

Perfektionismus, genauer Anti-Perfektionismus, wurde beleuchtet, wie auch das attraktive und authentische Auftreten.

Bei dieser Gelegenheit sei die Möglichkeit des Perspektivenwechsels erwähnt. Damit ist gemeint, sozusagen ‚aus sich selbst herauszutreten' und sein eigenes Verhalten von dieser externen Position näher zu betrachten.

Gefallen Sie sich so, wie Sie sich sehen? Wie würden gute Freunde Sie beschreiben – was würden sie an Ihnen besonders mögen – oder eben nicht?

Perspektivenwechsel bedeutet auch, in die Denkweise Ihres Gegenübers zu schlüpfen. Das soll dabei helfen, dessen Verhalten und Vorgehen besser beleuchten und verstehen zu können.

Wer das Verhalten anderer <u>versteht</u>, kann viel individueller und personenbezogener vorgehen.

Natürlich bedürfen solche gedanklichen Experimente die Bereitschaft, genauso vorzugehen. Weiter kosten sie Zeit. Beides sollte es Ihnen wert sein, um das gegenseitige beziehungsweise gemeinsame Zusammensein zu optimieren.

Was könnte als Fazit mitgenommen werden?

Vielleicht dies: Etwas langsamer, etwas überlegter und etwas (etwas!) demütiger vorgehen.

Nach der Meinung Vieler gibt es nur ein Leben, welches sehr wertvoll ist. Tragen Sie im eigenen Interesse dazu bei, dass das Leben anderer, aber vor allem Ihr eigenes Leben noch intensiver genossen werden kann. Schaffen Sie sich ein optimales Leben.

Diesbezüglich alles Gute und besten Erfolg.

Horst Hanisch

ICH HABE MICH SELBSTOPTIMIERT

„I AM A WINNER!"

ENDE

Stichwortverzeichnis

Knigge als Synonym und als Namensgeber

Umgang mit Menschen

Suche weniger selbst zu glänzen, als andern Gelegenheit zu geben,
sich von vorteilhaften Seiten zu zeigen, wenn Du gelobt werden und gefallen willst
Adolph Freiherr Knigge, aus dem Buch „Über den Umgang mit Menschen", 1788
(1752 - 1796)

Adolph Freiherr Knigge

Schon zu seinen Lebzeiten war Adolph Freiherr Knigge (1752 – 1796) umstritten. Knigge setzte sich durch sein energisches Eintreten für die Ziele der Aufklärung, so wie er sie verstand, scharfen Angriffen aus. Er arbeitete als Romanschriftsteller und Satiriker sowie als politischer Schriftsteller. Er gehörte den Freimaurern an. Heute ist Knigge vor allem seines Buches wegen ‚Über den Umgang mit Menschen' (1788) bekannt. Und zwar deswegen, weil sein Werk als Etikette-Buch angesehen wird.

Knigge verdankt seinen heutigen Ruf und Erfolg aber einem Missverständnis. Denn: Das Werk Adolph Freiherr Knigges gilt als Etikette-Buch ersten Rangs. Allerdings beschreibt Knigge keine Regeln wie mit Besteck umzugehen ist oder das Verhalten bei Tisch, stattdessen offenbart er eine praktische Lebensphilosophie im Umgang mit Mitmenschen.

Er gibt Anleitungen und Anregungen, wie mit seinen Mitmenschen richtig umzugehen ist. Knigge hoffte damit, dass die Menschen glücklich und froh miteinander leben könnten.

Sein Buch erschien 1788 und war schon kurze Zeit in fast allen Haushalten zu finden. Über 200 Jahre lang prägte sich sein Buch im Bewusstsein der Leser als praktisches Handbuch über gutes Benehmen ein.

In drei Teilen seines Buches hat Knigge über den Umgang mit verschiedenen Menschengruppen geschrieben, zum Beispiel:

- Über den Umgang mit Leuten von verschiedenen Gemütsarten, Temperamenten und Stimmungen des Geistes und des Herzens (Erster Teil, 3. Kapitel)

- Über den Umgang mit Frauenzimmern (Zweiter Teil, 5. Kapitel)

- Über die Verhältnisse zwischen Herrn und Dienern (Zweiter Teil, 7. Kapitel)

- Über das Verhältnis zwischen Wohltätern und denen, welche Wohltaten empfangen; wie auch unter Lehrern und Schülern, Gläubigern und Schuldnern (Zweiter Teil, 10. Kapitel)

- Über den Umgang mit den Großen der Erde, mit Fürsten, Vornehmen und Reichen (Dritter Teil, 1. Kapitel)

- Über die Art, mit Tieren umzugehen (Dritter Teil, 9. Kapitel)

Obwohl es heute klar ist, dass Knigge anderes verfolgte, als wir unter seinem Namen verstehen, soll ‚Knigge' als Synonym für den Bereich stehen, dem sich das vorliegende Buch widmet.

12 Ratgeber in der kleinen Knigge-Reihe

Der kleine ...-Knigge [2100] (Je € 9,70; 88 Seiten, 12x19 cm, kartoniert)

Anstands- und Banausen-Knigge [2100]
Business- und Kunden-Knigge [2100]
Büro- und Kollegen-Knigge [2100]
Gäste- und Gastgeber-Knigge [2100]
Gesellschafts- und Freunde-Knigge [2100]
Outfit- und Stil-Knigge [2100]

Interkulturelle- und Auslands-Knigge [2100]
Bewerbungs- und Vorstellungs-Knigge [2100]
Event- und Feste-Knigge [2100]
Gastro- und Tischsitten-Knigge [2100]
Speisen- und Exoten-Knigge [2100]
Trinkkultur- und Getränke-Knigge [2100]

12 x kleines Handbuch der Rhetorik 2100

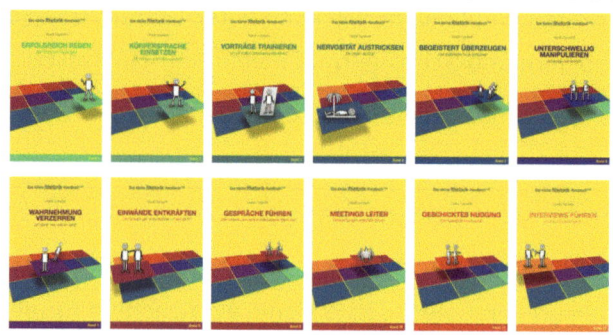

Der kleine Handbuch der Rhetorik [2100] (Je € 9,70; 100 Seiten, 12x19 cm)

Erfolgreich reden
„Die Kunst, flott vorzutragen"
Körpersprache einsetzen
„Mit Händen und Füßen sprechen"
Vorträge trainieren „Ich will endlich
erfolgreich präsentieren!"
Nervosität austricksen
„Mir zittern die Knie"
Begeistert überzeugen
„Das rhetorische Feuer entfachen"
Unterschwellig manipulieren
„Ich kriege dich schon!"

Wahrnehmung verzerren
„Ich glaub' nur, was ich sehe."
Einwände entkräften „Das ist doch gar
nicht machbar! – Oder doch?"
Gespräche führen „Zielorientierte und
zeitsparende Gesprächslenkung"
Meetings leiten
„Besprechungen erfolgreich führen"
Geschicktes Nudging
„Das versteckte Anschubsen"
Interviews führen
„Darf ich Sie mal fragen?"

4 Ratgeber in der Ego-Management-Reihe

Persönlichkeits-Management – Ego-Knigge 2100 Soft Skills, Selbst-Reflexion und Selbst-Bewusstsein
Stress-Management – Ego-Knigge 2100 Lampenfieber, Stressoren, Gerüchte, Mobbing, Burnout, Stressvermeidung
Zeit-Management– Ego-Knigge 2100 Umgang mit der Zeit, Organisation von Arbeitsabläufen, Perfektionismus, Zielsetzung
Gedächtnis-Management – Ego-Knigge 2100 Gehirn, Intelligenz, Schwachsinn – Hochbegabung, Gedächtnis, Lerntechniken.
Jeder Ratgeber € 14,90, 104 Seiten, A5, kartoniert

4 Ratgeber der Reihe Lebenseinstellung

Aberglauben-Knigge 2100 Von schwarzen Katzen, der linken Hand des Teufels und den Glücksbringern
Lügen- und Egoismus-Knigge 2100 Überleben durch Flunkern, Schummeln und Täuschen! Macht, Respekt, Wertschätzung? Lebenslüge und Lebensschutz
Glücks-Knigge 2100 Vom Glücklichsein, positiven Denken und von Freundschaften
Angst- und Optimismus-Knigge 2100 Die Furcht beherrschen, Ängste nutzen und positiv durchs Leben gehen.
Jeder Ratgeber € 12,95, 160 Seiten, A5, kartoniert

3 Ratgeber Bräutigam, Braut und Brautpaar

Bräutigam-Knigge 2100 Verlobung und Polterabend, Schwiegereltern und das Ja-Wort, Hochzeits-Outfit und Hochzeits-Kutsche
Braut-Knigge 2100 Brautkleid und Accessoires, Das große Hochzeitsfest, Höhepunkte und Hochzeitstanz
Brautpaar-Knigge 2100 Historisches und Sonderbares, Planung und Organisation, Aberglaube und Hochzeitsbräuche.
Jeder Ratgeber € 15,90, 104 Seiten, A5, kartoniert

2 Ratgeber Selbst-Coaching

Selbstbewusstsein Knigge 2100 Ich bin, ich kann, ich will. Das eigene Leben bestimmen, Soft Skills, The Winner 1.
Selbstwertgefühl Knigge 2100 Steh auf! Werde aktiv! Zeige Profil! Das eigene Leben beeinflussen, Motivation, The Winner 2.
Selbstoptimierung Knigge 2100 Optimistischer, attraktiver, authentischer. Das eigene Leben gestalten, Ansprüche, The Winner 2.
Jeder Ratgeber € 12,95, 120 Seiten, A5, kartoniert

Leben und Lifestyle

Das kleine Knigge-Quiz ²¹⁰⁰ € 9,70; 96 Seiten, 12x19 cm, kartoniert

Jugend-Knigge ²¹⁰⁰ Knigge für junge Leute und Berufseinsteiger, € 15,90; 152 Seiten

Zukunfts-Knigge ²¹⁰⁰ Verfall der Sitten und Verlust der Wertschätzung? Umgangsformen in 100 Jahren. Zusammenleben mit Menschen, Maschinen und menschenähnlichen Robotern, € 14,95; 172 Seiten A5 kartoniert

Wertschätzung-Knigge ²¹⁰⁰ Gleichberechtigung, Gender und Respekt, Sexuelle Orientierung, Umgang bei Diskriminierung und Mobbing, € 14,95; 152 Seiten A5

Hochzeits-Knigge ²¹⁰⁰ Hochzeitsbräuche, Geschenke, Brautjungfer, Trauung, Festgäste und Festmahl, € 29,95; 310 Seiten A5

Ü65- und Senioren-Knigge ²¹⁰⁰ Die junge Alten und die alten Jungen, Kommunikation und Verständnis zwischen den Generationen, Einsamkeit und technischer Fortschritt, € 19,95; 180 Seiten A5

Blumen-Knigge ²¹⁰⁰ Historisches, Mystisches, Festliches, Blumen-Sprache, Umgang mit Blumen-Präsenten, € 19,95; 144 Seiten A5

Bekleidung! Ausdruck der Persönlichkeit – Lukas' Outfit-Knigge ²¹⁰⁰, € 19,95; 196 Seiten A5

Nudel-Knigge ²¹⁰⁰ Himmlische Teigwaren, € 17,95; 140 Seiten A5

Der Interkulturelle Kompetenz-Knigge ²¹⁰⁰ Kultur, Kompetenz, Eindrücke – Gesten, Rituale, Zeitempfinden - Berichte, Tipps, Erlebnisse, € 29,95; 240 Seiten A5

China-Deutschland-Knigge ²¹⁰⁰ Chinesen in Deutschland, € 12,90; 104 Seiten A5

Dschungel-Knigge ²¹⁰⁰ Umgang in ungewohnter Umgebung, € 23,95; 192 Seiten A5

Der Dicke-Knigge ²¹⁰⁰ Aus dem prallen Leben des Dicken, € 15,90; 104 Seiten A5

Typisch Frau – Typisch Mann Knigge ²¹⁰⁰ Unterschiede und Gemeinsamkeiten im Umgang mit dem anderen Geschlecht, € 12,95; 128 Seiten A5

Kulinarischer und Gastronomischer Knigge ²¹⁰⁰ Von Events, Feiern, Aperitif über Esskultur, Speisen und Getränken zu zeitgemäßen Tischsitten, € 26,50; 284 Seiten A5

Klo- und Pinkel-Knigge ²¹⁰⁰ Vom privaten und öffentlichen Bedürfnis - Umgangsformen im Tabu-Bereich, € 13,50; 104 Seiten A5

Omi hüpf' mal Märchen meiner Großmutter, Erlebnisse ihre Jugend und wahre Geschichten meines Vaters von und über Omi Rickchen, Hardcover, € 29,95; 312 Seiten

Der Hunde-Knigge ²¹⁰⁰ Umgang mit dem Hund – Hundesprache – Der Hund in der Gesellschaft, € 17,95; 180 Seiten A5

Welcome to Germany-Knigge ²¹⁰⁰ Umgangsformen, Verhaltensmuster und gesellschaftliches Miteinander im deutschsprachigen Europa, € 11,99; 108 Seiten A5

Besuch willkommen Knigge ²¹⁰⁰ Einladung, Gast, Geschenk, Empfang, Feier, Gastfreundschaft, € 14,95; 200 Seiten A5

Mensch, Macht, Mörder ²¹⁰⁰ Verfall der Umgangsformen?, € 14,90; 260 Seiten A5

Leben, Tod und Ansichten Austausch mit Berühmtheiten über Wichtiges und Unwichtiges im Leben, € 12,95; 116 Seiten A5

Leben, Tod und Überlegungen Austausch mit Berühmtheiten über Größe, Ewigkeit und Spaß im Leben, € 12,95; 116 Seiten A5

Tod, Trauer, Totenkult-Knigge ²¹⁰⁰ Sterben, Trost, Takt, Bestatten, Tradition, Vorsorge, Tabus, Vergänglichkeit und Sonderbares, € 17,95; 212 Seiten A5

Corona-Knigge ²¹⁰⁰ Umgang mit dem Virus, € 9,70; 88 Seiten 12x19, kartoniert

Leben und Lifestyle

 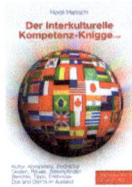  

    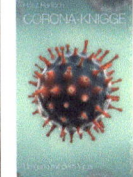

Rhetorik, Soft Skills, Hochschule, Beruf

Rhetorik ist Silber Von den ersten Schritten zu einer perfekten Präsentation, € 17,90; 144 Seiten A5, kartoniert, Zeichnungen
Moderation ist Gold Gesprächsführung, Umfragen, Talkrunden und Manipulation, € 17,90; 144 Seiten A5, kartoniert, Zeichnungen
Lebhafte Körpersprache in Vorträgen, Präsentationen, Gesprächen, € 17,90; 144 Seiten A5, kartoniert, ca. 290 Zeichnungen
Rhetoric – Mastering the Art of Persuasion, € 22,90; 144 Seiten A5, kartoniert
Discussion – Mastering the Skills of Moderation, € 22,90; 144 Seiten A5, kartoniert, Zeichnungen
Body Language in Europe, € 22,90; 144 Seiten A5, kartoniert, ca. 290 Zeichnungen
Körpersprache – Lüge, Verrat, Macht, Im Beruf, vor Gericht, beim Flirt – Gewinnerpose und Demutshaltung – Drohung und Zuneigung; € 29,95; 364 Seiten A5, kartoniert, über 400 Zeichnungen
Das große Buch der Rhetorik [2100] Tacheles reden; Präsentieren; manipulieren und überzeugen, € 37,45; 332 Seiten A5, kartoniert, viele Darstellungen
Trickreiche Rhetorik [2100] Psychologische Gesprächsführung, manipulierende Darstellung, unaufdringliches Nudging, € 37,45: 300 Seiten A5, kartoniert, Zeichnungen
Soft Skills-Knigge [2100] Soziale, Persönlichkeit, Selbstmanagement, € 37,45; 324 Seiten A5, kartoniert, viele Darstellungen
Schlagfertigkeit-, Spontaneität-, Stegreif-Knigge [2100] Impulsiv handeln, verbale Angriffe kontern, Störungen entwaffnen, € 13,50; 104 Seiten A5
Pitch Skills und Überzeugungs-Knigge [2100] Elevator Pitch, Geldgeber beeindrucken, Feuer versprühen, € 13,50; 128 Seiten A5, kartoniert
Smalltalk-Knigge [2100] Vom kleinen Gespräch bis zum charmanten Flirt - Kontakt ausbauen, Sympathie zeigen, Begehrlichkeit wecken, € 13,50; 100 Seiten A5
Quassel-Knigge [2100] Quasseln, Quatschen, Quengeln oder Lebenswichtige Kommunikation – Gezielt eingesetzte Rhetorik – Aussagekräftiges Profil zeigen, € 13,50; 112 Seiten A5
Studenten- und Hochschul-Knigge [2100] Studentischer Umgang in und außerhalb der Uni, 132 Seiten A5, kartoniert, Fotos
Jugend-Karriere-Knigge [2100] Schule und Studium, Netzwerk und Klüngel, Erfolg und Risiken, € 19,95; 224 Seiten A5, kartoniert, Zeichnungen, Checklisten
Bewerbungs-Knigge [2100] **für Frauen – Tina bewirbt sich / Bewerbungs-Knigge** [2100] **für Männer – Tom bewirbt sich**, Vorbereitung, Wahl der Kleidung, Verhalten beim Bewerbungsgespräch, je € 19,70; 128 Seiten A5, kartoniert, Fotos, Checklisten
Kreativitäts-Knigge [2100], Visionärhaft denken, Scheuklappen sprengen, Mentales Risiko eingehen, € 14,95; 164 Seiten A5, kartoniert
Team und Typ-Knigge [2100], Ich und Wir, Typen und Charaktere, Team-Entwicklung, € 14,95; 128 Seiten A5, kartoniert, viele Darstellungen
Die flotte Generation Y im 21. Jahrhundert, selbstbewusst – lebensbetonend – flexibel. Wie mit der Generation Y zielorientiert und erfolgreich gearbeitet werden kann, € 12,95; 116 Seiten A5, kartoniert, Zeichnungen
Die flotte Generation Z im 21. Jahrhundert, entscheidungsfreudig – effizient – eigenverantwortlich. Wie mit der Generation Z zielorientiert und erfolgreich gearbeitet werden kann, € 12,95; 140 Seiten A5, kartoniert, Zeichnungen
Telemeeting [2100], Digitale Konferenz, Online-Unterricht, Homeoffice, € 12,95; 104 Seiten A5, kartoniert

Rhetorik, Soft Skills, Hochschule, Beruf

Englisch:

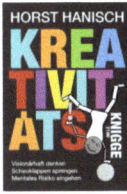 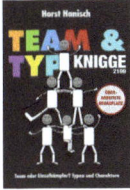 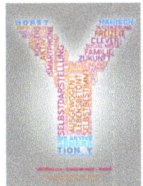 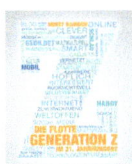 

Beratung, Coaching, Seminar

Wer hat nicht gerne mit Menschen zu tun, die selbstbewusst und selbstsicher mit anderen Menschen umgehen? Geschäftspartnern, die die elementaren Regeln des ‚Benimms' beherrschen, stehen die Türen zum Erfolg offen. Unternehmen, die neben ihrer fachlichen Leistung auch ‚menschlich' überzeugen wollen, bieten wir für ihre Mitarbeiterinnen und Mitarbeiter aktives Training im Umgang mit Kunden, Gästen, Kollegen und Gesprächspartnern an.

Auf unserer Website informieren wir Sie über unsere Angebote:

- Firmen-Internes-Training
→ Der erste Eindruck
• Workshops
→ Ladies Power
→ Soft Skills
→ Business-Etikette und das Lehrmenü
• Individuelles Einzelcoaching
→ Team-Training
• Intensiv-Training für
→ Präsentieren, Moderieren, Kommunizieren
→ Authentisches Auftreten
→ TV-Auftritte
→ Vorträge
→ Körpersprache und ihre Geheimnisse
→ Dress for Success
→ Präsentationen
→ Verhandlungstechniken
→ Reden
• Offen ausgeschriebene Seminare
→ Persönlichkeit
• Fachliteratur und Arbeitsunterlagen
• Interkulturelles Training
→ Teuflische Rhetorik
• Vorträge/Speaker
→ Flottes Reden vor und zu anderen
• Freundlichkeits-Checks in Unternehmen
→ Vor kleinem und vor großem Publikum

Individuelles Coaching für Einzelpersonen: Und, wer es ganz individuell mag, greift zurück auf ein Einzel-Coaching, auch als Online-Coaching. Hier werden ganz persönliche Herausforderungen angegangen, mit Themen wie:

- Interkulturelle Kompetenz
- Der Erste Eindruck
- Selbstsicheres Auftreten
- Bewerbungstraining
- Präsentations-Techniken
- Rhetorik und Überzeugungskraft
- Erfolgreiche Verhandlungsführung

und andere Themen – direkt auf die besonderen Bedürfnisse des Einzelnen zugeschnitten. Besuchen Sie uns auf www.knigge-seminare.de